Cosas y casos
del pueblo de
ADOBES

TOMO II

Lorenzo Hernández Hernández

Cosas y Casos

del pueblo de

ADOBES

TOMO II

AACHE Ediciones
Guadalajara 2025

82

colección LETRAS MAYÚSCULAS

Para consulta sobre alguna palabra o expresión que aparezca en el libro,
dirijase al autor a través de su email: adobesloren@hotmail.com

Producción, maquetación y edición electrónica:
AACHE Ediciones
C/ Malvarrosa, 2 (Las Lomas) – Telef. 949 220 438
19005 – Guadalajara
E–Mail: editorial@aache.com
Internet: www.aache.com

Impresión:
PodiPrint
C/ Cueva de Viera, 2
29200 – Antequera (Málaga)

Impreso en España – Printed in Spain.

ISBN 978–84–19813–65–7
Depósito Legal: GU–55/2025

Si este libro se perdiera
como puede suceder,
suceder también pudiera
que los morros le rompiera
al que se quedara con él.

Si este libro cayera
En ojos de mal ver
Suceder puede que hiciera
Que entendiera lo que digo
Y que los ojos le abriera
Y le diera vista a la vez.

Dedicado a todas aquellas personas que supieron entenderme y a aquellos que sufrieron mis caminatas entre tollagos y aliagas. Y en especial a mis nietos Asier y Hugito.

Como decíamos ayer...

En realidad fue anoche, o mejor hace un rato. Recuerdo que terminamos una partida de guiñote, no de muy buenas maneras, por cierto, y que quedó pendiente una nueva revancha por disputar, y esta al **miralhumo**.

—¿Y que la haremos...? —Vaya que sí... y sin tardar mucho.

¡Ya los cogeremos por banda!

Como te decía ayer...

Había llegado al pueblo de manera imprevisible y de la forma más absurda. En dos días que llevaba, me habían ocurrido tantas cosas que yo mismo no me lo creía. Estaba disfrutando como un tonto y dispuesto a seguir lo que hiciera falta.

De momento debía reconciliarme con el catre para poder afrontar un nuevo día de aventuras con el máximo de garantías posibles de supervivencia. Que luego sale el sol y, cuando más a gusto se está, no hay quien se deshaga de las sábanas.

Mientras negociaba con el sueño, no paraba de pensar en qué iba a ocupar el día siguiente.

—¿Mañana tendría que ir...?

—¿Casi que me interesaba...?

—Bueno, bueno, ya veremos lo que sale mañana.

Gané la cama de tal agrado como había perdido la partida de guiñote.

(En esto del guiñote, si juegas con quien te apetece y de buen agrado, te lo tomas tan en serio y tan en broma, que siempre hay un compromiso para la siguiente y, si puede ser al miralhumo, mejor que mejor, así tiene más emoción. Como norma no escrita, siempre el que pierde paga la consumición de la mesa, pero cuando era al miralhumo, el que perdía la partida pagaba, pero no tenía derecho a consumición. Una verdadera putada, pero que se llevaba con toda normalidad. Más cachondeo para disfrutar).

Como acurrucado en un confín de filigranas de nubes y estrellas, me había recostado en la rama más feliz del sueño, pensando en la familia que se había quedado en la ciudad de Barcelona. Hay momentos en que uno se siente solo y unos simples segundos se convierten en interminables.

Andaba solo en la cama
perdido en mi imaginación,
buscando un cuerpo caliente
para reparar mi amor.

Estaba sintiendo en mis carnes la desazón de tantas y tantas mujeres que, en tiempos no muy lejanos, debían soportar durante largas temporadas la ausencia de sus maridos cuando abandonaban los hogares maternos para poder restituir la economía familiar emigrando a las tierras del sur.

Como queriendo ignorar la no existencia, mi mano se deslizaba por entre las sábanas en busca de la realidad. Mi pensamiento forzaba el sueño en busca de mi deseo. Mis vanos intentos me transportaban a un pasado lleno de recuerdos.

De pronto me vi situado en una tarde del mes de julio del año catapum. Un fin de semana de los que acostumbraba a acercarme al pueblo mientras realizaba el servicio militar en Alcalá de Henares, en mis años de mozo.

Por entonces, mi familia ya había emigrado a Cataluña, siguiendo la tónica de espantada que se había producido en el pueblo de manera general, yendo a parar al lado del resto de familiares que ya llevaban aposentados algunos meses en Barcelona.

En aquellos tiempos, por el pueblo andaban una media docena de jovenzanos de distinta edad y con la obligación de juntarnos para poder divertirnos un rato y, con alguna frecuencia, intentábamos acercarnos a los pueblos de alrededor, que tampoco andaban en demasía, y de paso poder hacer un poco de baile o guateque.

En el caso nuestro, de los adobanos, lo normal era salir hacia la Cruz de Hierro, punto intermedio y de término del lugar, con el pueblo de Piqueras, y donde era el punto de encuentro de ambos bandos y el lugar de tomar las decisiones.

Por allí conocí a una chica nueva en el grupo y muy especial.

Bueno... ya no te cuento más.

Ni te interesa.

Aprovechando que estaba en las nubes, me he tomado la licencia del comentario anterior, simple y llanamente como ejemplo de tiempos pasados por ende los mozos de un pueblo solían festejar con las mozas del vecino o viceversa.

En algunos casos no estaba bien visto el afán de conocer los del pueblo vecino en perjuicio del propio, pero la realidad era una necesidad de abrirse al resto de la comarca.

Podría hacer una relación de matrimonios surgidos en las mismas o parecidas circunstancias. Puede que no valga la pena, pero sí que nos demostraría que el círculo de relación en la comarca era demasiado escaso en el número y en el tiempo. Tengamos en cuenta que, limitados en medios de locomoción, las escapadas se limitaban a los cuatro pueblos limítrofes y alguna visita esporádica a Molina, a salvo de aquellos que por motivos nada apetitosos de enfermedad tenían que llevarlos a la capital y poco más.

Tendríamos que largarnos a primeros de septiembre de muchos años atrás y situarnos en una de cualesquiera de las fiestas patronales de verano en la que nos encontraríamos a una avalancha de gente piquerana asomando por la Boca del Arenal, con la sana y mala intención de pasar un rato de fiesta al son de cuatro piezas de baile, tatareadas a son de gallinero y regresar con la noche más que avanzada y con la cabeza llena de efluvios de alcohol y de amoríos imaginarios. Y pobres de aquellos que se volvían con el rabo entre las piernas y el morral lleno de calabazas.

Uno que volvía pensando en las nubes y en plena euforia murmuraba en el silencio de la noche...

¡Ay, qué chica aquella!

Todo nació en una tarde
cuando a una chica yo vi,
vi que sus ojos brillaban
y se fijaban en mí.

Los que le acompañaban le dejaban que siguiera soñando.

Sentí un chispazo de amor
que al corazón me llegó,
era dulzura fragante,
era pureza y amor.

Otro que andaba en las estrellas recordaba la aventura de otra fiesta y que tuvo la suerte de volver a encontrar.

Tuvimos que separarnos
pero el azar nos unió,
y de nuevo aquella chispa
volvió con fuerte calor.

Sus ojos cada vez brillaban más a la luz de las estrellas.

Nos miramos sin temor
y hablamos con libertad,
juntos pasamos las horas
sin pensar en el final.

Las cosas ocurrían como debían de ser. La juventud era una explosión de amoríos, donde la cabeza a menudo pierde el conocimiento y se deja llevar por impulsos irracionales. Algunos se las prometían tan felices que ya casi estaban dispuestos a pagar el piso. (Lo de "pagar el piso" creo que ya lo he explicado en otra ocasión; si no fuera así, consulta a la Wikipedia, que no te enterarás de nada).

Nuestros cuerpos se fundieron y sentimos su calor, miró, miré, nos besamos, juntos prometimos amor.

¡Ojo! No lancemos las campanas al vuelo. Mejor pisemos con los pies en tierra y volvamos a la plaza, a ver cómo va el baile.

Veamos...

El lugar de baile público era la Plaza del Pueblo, llámese del Portalillo o del Ayuntamiento, según para quién y dependiendo de la edad. En este caso, el lugar no era el más apropiado para el ligoteo, por la cantidad de mirones que se arremolinaban alrededor de la plaza, dado que por estas fechas la temperatura era apetecible hasta para ver las estrellas y aguantar hasta altas horas de la madrugada.

Otra cosa era cuando se torcía el tiempo, cosa más que habitual, dado que por estas fechas suelen aparecer tormentas de verano sin previo aviso y con muy malas pulgas. Dicho lo cual, no había más remedio que meterse en el local que tenía el Ayuntamiento para dicho evento, que no era otro que el conocido como la **Carnicería**.

El local de baile público de la carnicería estaba situado en la parte baja del edificio del Ayuntamiento, antiguamente destinado a la guarda y reparto de carne para la gente del pueblo y hoy destinado a uso múltiple y otras necesidades o imprevistos.

En sus paredes llenas de yesones se ocultan las reiteradas solicitudes de baile por parte de los mozos del pueblo y forasteros a aquellas mozas que llenaban el redondel con el único pretexto de comprometer a la moza a un número suficiente de piezas de baile para que se diera por hecho un supuesto romance.

Que por **romanciar** no quedaba. Tal vez el camino antes citado esté plagado de mentiras piadosas en el devaneo de idas y vueltas entre los jovenzanos de distintos pueblos.

Pero casi mejor dejarlo para cuando la fiesta haya pasado y a la Carnicería se le escape la lengua. Seguro que hay alguna que otra aventurilla de las que ya se habla por la calle.

Debía estar soñando…

De pronto me desperté del sueño con un cierto regustillo. Estaba volando materialmente como un pájaro por la plaza del pueblo, y al darme cuenta de la realidad inexistente, me he pegado un tortazo de aquí te espero.

De nuevo me encontraba más solo que la una.

El cuerpo me pedía cama.

—Pues a soñar, que aún queda noche.

Seguí soñando con la misma historia. Parecía que me perseguía sin piedad y no paraba de reinventar en mi cabeza aquellos años de juventud en que no sabía muy bien el camino a seguir, ni el destino a donde llegar. La juventud en el pueblo se hacía demasiado larga y los pajarillos no paraban de rondar por la cabeza.

Puede que en mis sueños hubiera sido uno de esos afortunados que habían encontrado a la chica de sus sueños. Puede…

Siento anhelos de soñar
y deseos de vivir,
sentir que estás a mi lado
y que me haces feliz.
Te llamo y con alegría
llegas soñando hasta mí,
dulces sueños te tejieron
un amor puro hacia ti.
Entre pasillos de magia
y entre nubes de algodón
paseamos nuestro sueño
y unimos amor con amor.
Juntos pasamos los días,
días que segundos son,
segundos que todos anhelan

como anhelamos tú y yo.
Hasta luego mi chiquilla,
que el sueño ya me dejó,
me separó de tu mano
y en mis manos te dejó.

Puede que la ilusión fuera de dos días.

Y yo seguía soñando…

La pereza se había aliado con las sábanas para robarme un par de horas de la mañana. Al abrir los ojos al nuevo día, observé a través de la ventana que los mismos gorriones del día anterior seguían trajinando en las bocatejas de la casa de enfrente.

Me levantaba con tantos proyectos por realizar que era incapaz de elegir el más adecuado para llevar a cabo.

Unos chapuzones para aclarar las ideas me llevaron a pensar que, dada la hora y el camino que llevaba el sol, lo mejor sería hacer un desayuno con su zumo y café correspondiente y salir a la calle a matar el tiempo de la manera más decorosa posible.

Dado que no tenía ninguna persona para mi viaje, tomaré como fiel compañero a mi propia sombra, y cuando no quiera seguir conmigo, me apañaré yo solito.

Dicho y hecho.

Tras encender el cigarrillo de costumbre, me deslicé por la escalera de casa hasta dar en la barbacana que sirve de mirador a los Quiñones y toda la Dehesa Baja. Las insinuantes flores de diente de león se desplegaban por toda la cuesta pendientes de los templados rayos de sol. Un ligero restregón instintivo con la palma de la mano sobre la hierbabuena me acompañó de olor hasta la barandilla de madera que sirve de escalera de apeadero para el barrio de la solana.

Me venían a la imaginación aquellos piazos, pintados en pequeñas parcelas y cuidados con esmero sin igual, sembrados de cereales multicolores de trigo, cebada, avena y todo lo que la imaginación te permita. Unos insinuantes surcos sobre la acequia nos dejaban entrever alguna que otra legumbre verde.

Aquellos **piazos** dibujados a pinceladas de ida y vuelta, de arre y so, y que hoy se ha convertido con la introducción de las nuevas maquinarias tecnológicas en un suspiro de tiradas de facsímil, sin otro valor que el de una mayor productividad.

Me imaginaba yo…

Aquellas hileras de ribazones policromados que los separaban entre sí las aguamieles, amapolas y campanillas y donde se asentaban los enebros, aliagas y tomillos y que servían de refugio a liebres, perdices y conejos. O aquellos encaños que saneaban y conducían el agua bajo la epidermis de una tierra sagrada y que han sido desangradas sus venas por la aparatosa mecánica moderna.

Mal asunto depender de una máquina para sobrevivir.

Y pensar que tenía que cerrar los ojos para poder ver.

Apoyado sobre un **hornijo** de pino que sirve de pasamanos para la escalera que lleva al barrio de abajo y medio cegado por los rayos de sol, me apareció el espejismo de los Quiñones, con una media docena de yuntas, entre los juramentos de los agricultores con sus caballerías y la habilidad y picardía de cada labrador para delinear su propio dibujo y saber armonizarlo con el resto para formar un cuadro perfecto.

Y lo que estoy viendo no es un recuerdo de la época de los íberos o los romanos, es ya, casi ahora mismo, hace cuatro días y una docena de años. Ni que decir tiene que en los tiempos que corremos se está perdiendo la noción de la historia. —Claro que, hablando de los romanos, un poco sí que tiene que ver por aquello del arado romano y sus componentes.

—Hablando de complementos... ¿tú sabes lo que es una collera?, ¿y un yugo? ¿Y el timón, la lavija, la teja, el barrón, la zurriaga, la etc., etc.?

—¡Quía!

—Bueno, a ti que lo sabes, ¿qué te voy a decir...?

Pero para ti... ¡Si tú supieras lo que suponía poder presumir de tener la mejor yunta de animales? Aquella mula **roma** que no cedía ante ningún obstáculo, o de aquel mulo **bayo** que daba lecciones de buen labrar. —Ni te lo imaginas.

Porque de haberlos, había animales para todos los gustos, incluso algunos no los querían ni los dueños. Recuerdo de algunos que eran tan **cociosos** que no se dejaban ni poner las cabezadas y de otros tantos que no había manera que siguieran el surco recto. Pero entre toda la reata que yo llegué a conocer, destacaba una mula con cara de burra que era tan **destartalá** y gangosa que todo el mundo se reía al verla. Un adefesio.

—¡Válgame Dios! —Mejor me callaré y no diré el nombre de su dueño, solo que era de un tío mío.

La ventaja que tenían los labradores en aquellos tiempos es que siempre iban acompañados de santos y vírgenes para su protección e incluso en muchas ocasiones hasta de la Santísima Trinidad y algunos recurrían si era necesario al mismísimo Dios.

No vayas a pensar que me lo invento yo. Seguro que en tu caso tendrás que prestar un poco de atención; yo en mi caso en cambio me tendré que tapar los oídos para no escuchar tales improperios.

—¿Que si se oyen…?

—A cientos de metros.

No hay nada más que sentarte un rato a la solana del pueblo, y oirás por el Quiñón dichos juramentos. Y lo más grave es que llegaban hasta la misma iglesia y retumbaban por las troneras de la torre.

—Escucha…

—Me caguen la… del Pilar de Zaragoza.

—¡Madre mía!, qué bestia.

—¿Que te decía yo?

—¿Y qué le han hecho las mulas?

—Seguro que se le han salido del surco.

—Hombre, ¿y eso es para tanto insulto?

—Depende de cómo se mire. Puede que para ti no sea necesario, pero cuando desde el pueblo vean la faena mal hecha, es para echarse a reír. O a llorar, depende de quién.

Puesto a elegir Virgen o Santa, la del Pilar se lleva la palma, aunque la de la Cabeza también cae bien en gracia por ser la Patrona del pueblo de Adobes. Que puesto a hacer una lista de improperios sería interminable y dependiendo de la simpatía de cada usuario.

Condenados todos. Dios los perdone.

Amén.

De todas formas, no todos eran así. Los hay que se recatan cuando están cerca del pueblo por aquello de guardar las formas, del qué dirán, o por si diera la casualidad de que rondaran por los alrededores la Guardia Civil o incluso el mismo cura.

—¿Y qué?

—Pues que te enjaretan una multa.

—¿Entonces de perdonar la iglesia, nada?

—Es una forma más de perdonar.

—Joder, vaya gracia.

A mis pies, junto a la barandilla, se hallaba un pequeño pino intentando aguantarse de pie en el terraplén entre unos brotes de acacia, pidiendo casi auxilio. Recuerdo haberlo replantado de una entresaca de pinos que hicimos en la Olla de las Avenas, allende por las cercanías del Ojillo. Le costó lo suyo echar raíces, pero a base de baldes de agua, al final arraigó y se aferra a la vida a pesar del cenicero que tiene a su lado. —Por cierto, la encargada de suministrarle el agua era mi hija Sonia.

Poco a poco fui rebajando el terreno por el costerón para comprobar cómo iban unas matas de carrasca que habíamos sembrado no hacía mucho. El pasto y el **hierbazo** apenas les dejaban ver el sol y a duras penas podían sobrevivir. Tuvimos que **esbriznar** toda la maleza alrededor de los hoyos para que pudiesen darse a ver y con ello recuperar un poco el aliento.

Sin querer me había metido en medio de la llamada cuesta del tío Martín, aunque popularmente los viejos del lugar le llamaban el Palomo. Se trata de un costerón de formación natural que sirve de contrafuerte para el asentamiento de la parte alta del pueblo y que a su vez sirve como camino por el que discurre la calle principal del núcleo urbano. Por suerte, debido a su inclinación, se ha visto liberado del acoso de las construcciones.

Para facilitar el acceso a las casas del barrio de abajo se construyó una escalera rústica con sendas barandas de madera que no ha servido para mucho más que servir de adorno, porque los escalones están tan mal diseñados que lo normal es que provoquen un accidente.

La aparente escalinata, hecha a base de traviesas viejas del tren y con enlosado de piedras de la cantera de **Cabezalavega** en el Monte, da una desigual armonía a los peldaños por los que resulta más peligroso bajar que difícil subir.

Con el paso del tiempo, la naturaleza ha ido disimulando e incorporándola a su entorno y hasta la vista se ha acostumbrado a mirarla sin recelo.

De cualquier forma, ahí está, y como consecuencia de ello a su vera han crecido unos cuantos árboles que no hubieran tenido otra excusa para ser y estar. Y bienvenidos sean.

Fue a finales de los ochenta, aunque en realidad la fecha es lo que menos importa, cuando se llevó a cabo dicha obra. Una quincena de días de primeros de julio fue suficiente para realizarla. Si no se ha borrado con el roce de los zapatos y el paso del tiempo, consta en acta en el primer escalón el nombre de sus colaboradores.

Quiero recordarlo perfectamente, ya que tuve el gusto y la obligación de ser uno de los implicados. Y es que por aquellos entonces estaba de regidor del Excmo. Ayuntamiento de Adobes un tal Jerónimo Lorente, a la sazón, amigo personal y primo hermano de un servidor. Así que, siendo primo, no tuve más remedio que aceptar la invitación para organizar al personal y ayudar a que la obra se llevara a cabo.

Pasamos momentos tan penosos como reconfortantes. Unos por el tórrido calor que hubo que aguantar en tales fechas y otros muchos mejores por el ambiente de juventud y camaradería que se respiraba.

Y todo este tinglado, porque en su día la Asociación Socio Cultural de Adobes y el Ayuntamiento decidieron solicitar una ayuda que consistía en un campo de trabajo para mejorar el conjunto urbano del pueblo. (Como el campo ya se tenía, pues la hierba invadía hasta las puertas de las casas, solo se necesitaba poner el trabajo en marcha buscando la mano de obra).

Por aquellos tiempos, la mano de obra en el pueblo era más que escasa, nula. El pueblo se había quedado deshabitado y era imprescindible que el peonaje viniese de fuera.

Cabe destacar y aclarar que, dada la situación, la Asociación estaba compuesta por la mayoría de hijos del pueblo y el Consistorio pues ídem de ídem. Todos **arrejuntaos** por una misma causa.

La mano de obra fue llegando poco a poco y totalmente descarriada. Casi todos iban apareciendo por la vía del Pobo de Dueñas, por aquello de que por allí pasa la carretera nacional y por consiguiente el coche de línea que comunica la capital de Madrid con nuestra recóndita sierra.

Tan pronto llamaban comunicando que asomaba uno por la mañana, como por la tarde tres. Unos llamaban desde Molina sin saber qué hacer y cómo llegar, y otros no sabían ni explicarse, pues de castellano entendían menos que de español.

—Los franceses, dos chicos y una chica, se presentaron ayer. Un checo y un inglés esta mañana, dos murcianos y un andaluz en autostop con no sé quién y el resto sin aparecer.

Los habían de todas las nacionalidades y regiones que no se pueden imaginar. Hombres, mujeres, trans, yankees, vascos, danesas, gallegos, etc., etc. Dos días costó hacer el recuento para dar la plantilla por completa, y aun así uno no llegó nunca.

¡Vaya tinglao que se venía encima!

Y encima sin don de lenguas.

Y ahora quién era el majo que se iba a entender con tanta gente.

De profesión, en su totalidad certificaban sus labores de estudiantes. En principio no estaba mal. Eran todos estudiantes de diversas ramas y especialidades, así que quedaba demostrado que no eran tontos y que ni habían trabajado en su vida. ¡Olé lo que faltaba!

—Eso ya no me parece tan bien.

—No digo nada, la que nos espera…

—Me parece que vamos a empezar mal.

—Ya veremos, y si no al tiempo.

—¡Calla, coño! Por lo menos espera a que empecemos.

Y llegó el día.

Se había tocado a fajina a las nueve de la mañana, para formar en la plaza del Portalillo.

Pasaron las nueve y un largo rato más.

Eran las diez y hubo que pasar lista por lo menos cuatro veces más para saber si estaban todos reclutados. Como nadie se conocía, nadie era capaz de dar norte de quién faltaba y el listado escrito en arameo antiguo no era capaz de descifrar nombres tan raros para lingüistas acostumbrados a nombres cortos, claros e incluso apodados. Como ejemplo, había un alemán que solo el nombre tenía más de veinte letras con dos solas vocales. Un verdadero galimatías.

Entre los kilómetros que llevaban a las espaldas y las colchonetas que tuvieron que usar para dormir, aparecieron todos medio baldados, con más ganas de volverse a casa que empezar las tareas. Para postre, los servicios eran tan mínimos que apenas existían. Algunos formaron hasta con telarañas en sus atuendos, aunque al decir verdad, a pesar del aseo personal, había quien llevaba alguna legaña.

Eran ya las diez horas pasadas, aunque solares parecían las doce por el calor que hacía, y los componentes del campo de concentración (perdón, de trabajo) estaban ya dispuestos para empezar la jornada laboral. Todo era ya cuestión de sortear la faena y sus herramientas correspondientes.

La pared del Portalillo era todo un escaparate de utensilios de todo tipo. Picos, palas, legonas, horquillas, rastrillos, carretillas, etc., etc., todos en fila y con su correspondiente orden de control. Todos ellos nuevos, relucientes y a estrenar.

Estaban como para tirarse a por ellos.

Los estudiantes miraban.

Las herramientas miraban a los estudiantes pensando en qué manos iban a caer. —¿Si me tocara a mí esa?

Esa, se refería a una jovenzana vasca con unos uno ochenta de estatura y que más que estar en el pueblo pasando las vacaciones, debería andar zarandeándose por las pasarelas de moda. Una moza flamenca tan guapa como simpática.

El puñetero sol seguía asediando de calor de forma agobiante. Se había espatarrado sobre el cemento de la plaza, acalorando el ambiente más todavía y relumbrando con más intensidad el metal flamante de las herramientas. Una simple comprobación nos confirmaba que los utensilios presentaban la temperatura correcta para su funcionamiento. Ya era solo cuestión de proceder a empezar a repartir lo antes posible.

Ahí que vamos…

—Ésta para ti.

—Ésta pa tú.

—Esa para aquel.

—Ésta para el otro.

—Ésta pa mí y sobran…

El caso es que sobraban herramientas y faltaban ganas. Como la mayoría no entendían, no dijeron ni pío, y los que lo entendieron se callaron.

Entre los que se callaron, había un murciano que se hacía el longis, con cara de marciano. En realidad, no tenía pinta de estudiante, y más bien había venido a disfrutar de las vacaciones.

Dado por hecho que cada cual portaba su correspondiente herramienta en suerte, nos dispusimos a empezar la tarea, no sin antes hacer un aviso de que eran nuevas y necesitaban un pequeño rodaje especial para hacerlas rendir a pleno gas.

—Todo entendido.

—Entendido —contestó el murciano.

Como casi nadie se enteró de lo que había dicho, hubo que hacer la señal de salida como si de una carrera se tratara.

El desfile empezó en fila india y bien. Al paso por las escaleras de la sacristía se rompió la hilera y se convirtió en una desbandada de indios. La carretilla descarriló debido a la poca pericia del nuevo conductor y bajó las escaleras dando trompicones. Ante el desbarajuste y la falta de distancia de seguridad, los coscorrones con los mangos de las herramientas se empezaron a repartir a diestro y siniestro.

Todo era cuestión de aprendizaje.

Hasta yo aprendí a respetar la distancia. ¡Vaya golpetazo que me han dado!

Mira por dónde, a pesar de tener idiomas distintos se entienden. Lo que no hacían las palabras, lo hacían los coscorrones. Todos contestaban de igual manera:

—¡Ay!

—Hay la que os espera…

El destino estaba a la vuelta de la esquina, a cuatro pasos.

Tras llegar al sitio…

¡Vaya sitio!

No sabía cómo empezar.

—Como verán ustedes, mejor vosotros, aquí va la escalinata.

Por prudencia nos pusimos delante de la gente por aquello de que la imprudencia les jugara una mala pasada y alguno cayera rodando por la cuesta abajo.

—¿Aquí? —dijo el murciano.

—Aquí.

La mayoría miraban atónitos y no se lo podían creer. Se temían lo peor. A pesar de los idiomas, parece que ya van entendiendo las cosas.

Visto desde arriba, desde la Callejuela, el panorama se presentaba lleno de cientos de cardos borriqueros, de miles de ortigas y de todo tipo de afilados garfios ansiosos por empezar la lucha contra los nuevos reclutas.

—¡A por ellos!

La mayoría andaban con pantalón corto o short y algunos llevaban zapatillas playeras y sin calcetines, así que… mejor que mejor.

—¡Madre mía, la que nos espera!

—Venga, vamos a empezar.

(Si lo sé, me callo).

La primera en acercarse al terraplén fue una francesita llamada Denisse, y ¡cataplás!, a mitad de la cuesta.

—¡Válgame Dios! —menos mal que los cardos fueron prudentes y todo quedó en un susto. Nada grave, seguro que aún anda buscando alguna pincha por las canillas.

Entre las carnes tan blanquecinas que mostraba el reclutamiento y las ganas que tenían las ortigas de hacerse con ellas, se montó una guerra que por poco tenemos que abandonar el campo de trabajo. Tres días costó firmar la paz y aun así quedó algún que otro comando suelto haciendo la guerra por su cuenta.

Entre los cardos había algunos que llegaban a generales. Era un ejército de infantería al que la única manera de vencerle era por el aire. La cuestión era decapitarlos y a partir de ahí ir cortando poco a poco sus ramales hasta que se rindieran.

Tras muchos avatares, fueron pasando las horas a base de beber tragos de agua del botijo y de quitar pinchas de cualquier lado del cuerpo. Por ser el primer día y dadas las expectativas del trabajo, mejor aparcar las herramientas hasta el día siguiente.

Pasó el primer día. Bueno, medio día. Pero vaya día.

Aquellos cuerpos reblanquecidos empezaron a colorear como tomates. Unos, los nórdicos, porque el sol no era de su agrado; otros seguían arrascándose los escozores de las ortigas y los pinchazos de los cardos; y los más, con la incomodidad de llevar por todo el cuerpo el sudor de la tarea.

En cuanto abandonamos el costerón, el que más y el menos teníamos en mente una reconfortable ducha para reponer el ánimo. El problema era cómo inventar tanta ducha para tanta gente, teniendo en cuenta que, en las casas abiertas del pueblo, muchas ni lo conocían. Así pues, la solución fue ir turnando las pocas existentes hasta avanzada la tarde. Algunos cuando quisieron comer eran las seis de la tarde.

Estaba visto y bien claro que la única manera de poder seguir con el proyecto era aprovechar las primeras horas de la mañana para evitar el calor y dar de mano a mediodía. De esta manera había tiempo de hacer una pequeña siesta y aprovechar el horario de la tarde-noche para hacer alguna actividad que hiciera olvidar la jornada laboral. A fin de cuentas, lo que se trataba era transmitirles unas dosis de optimismo, creándoles un ambiente abierto por parte de la gente del pueblo, exagerando y alabando su trabajo realizado en pos de la comunidad.

En principio, el ambiente se presumía optimista. Tengo que reconocer que los pocos vecinos presentes por estas fechas en el pueblo contribuyeron y mucho en el hecho de que dicha tarea llegara a buen fin y casi se acabara del todo con éxito. Las simples palabras de aliento al acercarse al lugar de trabajo y los botijos de agua fresca que llegaban con cierta asiduidad, fueron tan determinantes como necesarios.

Y viene al caso aquellas horas destinadas al tiempo del bocadillo, cuando el tío Isidoro se acercaba al trinquete a contarles sus aventuras de mozo en el pueblo. Al final se convirtió siendo una actividad más del día. Incluso los que no entendían ni palabra se tenían que reír.

Y lo que disfrutaban oyendo historias de antepasados. Y si se pudieran ver las risas que se echaban los viejos del pueblo cuando les tenían que enseñar cómo usar las herramientas y para qué fin estaban diseñadas.

Era de película.

Quizás Buñuel hubiera tenido un buen argumento para filmar.

Si fuera ahora…

Aquella imagen de la Petra de Vale con los botijos de agua del Cañuelo, sin darle tiempo a llegar al tajo y vaciar en un santiamén hasta la última gota y tener que volver de nuevo al aguadero para saciar los garganchones sedientos de los jovenzanos.

A falta del don de lenguas, no quedaba otro remedio que entenderse. Y no es que costara más de la cuenta, porque a los cuatro días se iba normalizando el lenguaje de la mímica y de gestos. Por allí se chapurriaba el inglés, el francés, el castellano, etc., y con eso era más que suficiente para poder seguir haciendo una vida casi normal.

Doy fe de que el dicho de "la fe mueve montañas" se cumplió a rajatabla en el pueblo de Adobes.

En el caso que nos ocupa, no solamente movió la tierra del terraplén de la cuesta, sino también la rampa de los árboles del Cantón, con todo el trabajo adicional de desbroce, de acondicionamiento del terreno y el asentamiento de las traviesas sobre el hormigón.

Por cierto, y nunca puede ser más cierto y verdad, que entre los componentes había una chica vasca, una tal Begoña de tan buena percha como simpática, que le cogió tal cariño a la hormigonera que no había quien se acercara a ella, y eso que más de uno intentaba tirarle los tejos más que a menudo. Ella solita se bastaba para alimentar y dar de sí al resto de los operarios. Se lo tomó tan a pecho que si no se acaban las escaleras antes del día de marcharse se lleva un disgusto. Llevaba a los hombres por el camino de la amargura, en todos los sentidos.

Y diese por hecho que el milagro se produjo. Apenas en dos semanas quedaron terminadas las escalinatas y aquellos-as sacrificados colaboradores asumieron el trabajo como algo propio y como tal debe quedar reconocido en nuestro pueblo.

—¡Ojalá vinieran muchos estudiantes como aquellos, aunque fueran de profesión "sin labores"!

Por acabar con el tema… y hay otros que te lo contarían con pelos y señales. Casi todo lo que se usó fue gratis, medio gratis, medio quitao, medio dejao, y vete a saber más cosas.

Dicen que un día apareció un camión lleno de traviesas de tren que venía dirección Madrid y que lo habían cargado cerca de Moratalaz donde estaban poniendo al día las vías.

—¿De cómo negociaron el asunto...? —Creo que Pedro, el del tío Santos, sabe cómo fue la historia.

Unos dicen que si medio quitás.

Los más, que ya no se molestan en venir a por ellas.

Se me había ido el santo al cielo.

Se me va tantas veces que al final terminaré por no bajar o por no saber por dónde seguir.

Creo que iba hacia el Quiñón y que me había quedado atascado a media cuesta contando lo de la escalinata a la sombra de las acacias.

Estaba pensando que en aquellos momentos no podía imaginarme lo que estoy viendo ahora. Me costaba más que trabajo ver cómo había resurgido el pueblo de sus propias cenizas. Aun viendo todo lo que ha cambiado y la pura realidad palpable, aun así, no me sentía nada optimista. Y la verdad es que todo es una realidad con todos los defectos y limitaciones que se quieran poner y que el paso de los años determinará lo que tenga que ser.

Yo pensaba en el mañana y me salieron unos versos:

Todos piensan en mañana
¿y mañana qué será?
Será un sueño imposible
que apenas se puede palpar.
El futuro es lo más bello
que el hombre puede soñar,
sueña y sueña que lo vive
y fracasa al despertar.
Siento que el mañana pasa
y pasa sin esperar
como un amigo que anhelas
y que nunca llegará.

La joven acacia donde yo me refugiaba del sol era una pequeña muestra de los cientos de árboles que se llegaron a plantar en los años presentes y venideros. Infinidad de hoyos se veían preparados por cualquier sitio o rincón del pueblo para recibir los nuevos retoños. La cuestión era repoblar todo el núcleo urbano y alrededores y cualquier especie era bien recibida, fuera de donde fuera, aunque ni el terreno fuera el más adecuado, ni la climatología acompañara, lo esencial es que fuera a coste cero, aunque el trabajo se tuviera que poner a destajo y a zofra.

No estoy muy al día en estos temas, me refiero en cuanto a entender de arbolado, a salvo de distinguir los de hoja perenne de los de caduca y porque la enciclopedia de la naturaleza nos enseña bien a las claras cuando llega el otoño cuál es quién.

Sí que te puedo decir que entre ellos habían olmos, sauces, chopos, acacias, cipreses, arizónicas, llorones, rosales, naranjitos (éste me lo he inventado yo para homenajear a la mascota del mundial del 82) etc., etc. Tres seguro que se llamaban en cristiano, aunque en latín también los había, a saber: ulmus, salix, cupresus, quercus ilex, quercus faginea y muchos más.

—¡Toma ya! ¿Cómo te has quedao?

Por un momento recordé aquellos años en el Seminario donde nos obligaban a estudiar latín y a aprender a declinar... rosa, rosae, rose.

—Ya está.

Nos tocaron plantarlos a un montón del pueblo. Bueno, a los que venían en Semana Santa, que era la fecha adecuada para dicha actividad.

El motivo que llevó a tal medida no fue otro que reponer la estética natural de antaño y de paso, aprovechando la ocasión, adecuarla a las nuevas incorporaciones urbanísticas.

Y es que antaño el pueblo estaba repleto de olmos por todos lados.

Un breve recuerdo antes de seguir. Seguro que tú, leyente, ni lo sabes, ni te lo imaginas. Puede que ya sea reincidente en repetir historias, pero cuando era chaval andábamos subiéndonos a los árboles que había por cualquier sitio del pueblo.

Como ejemplares monumentales: el olmo de la plaza enfrente de la puerta de la iglesia y de la tía Basilia debajo de la Callalante; y como populares: los árboles del Cantón, los del tío Patricio, además de todos los retoños que invadían la umbría de la parte norte del pueblo y los arboluchos que llenaban la cuesta de la solana.

Y siguiendo con la historia, muchos de aquellos pequeños arbustos que se plantaron allá por los años ochenta y noventa, perecieron en el intento, bien por unos años de sequía extrema que asolaron la comarca, o por la mala aclimatación al terreno. El frío de la meseta en muchas ocasiones se riñe con las especies mediterráneas, dando un resultado desastroso. Incluso se intentó el riego del gota a gota por aquello de tener que estar pendientes a todas horas, pero a la hora de la verdad también falló y hubo que recurrir al tradicional cubo a cubo o al de la manguera.

Recuerdo el fracaso estrepitoso de la plantación de pinos en la cuesta del Castillo. Todos apostaban en positivo por ellos y hasta daban el lugar como el más idóneo para tal fin teniendo en cuenta la calidad de la tierra a la hora de hacer los hoyos. La realidad fue muy distinta y adversa y nadie podía explicarse por qué se secaron todos. Seguro que la inexperiencia nos jugó una mala pasada.

Se cogió tal resabio que nadie ha vuelto a intentarlo.

En realidad, y a ser fehaciente en lo hecho, el replante se llevó a cabo arrancando sin cuidado los retoños del Ojillo, con pocas raíces y con su abandono posterior. La consecuencia fue la que nadie esperaba, pero la que tenía que ser.

No obstante, el empeño siguió en sus trece, y como consecuencia de su tozudez se instauró el llamado "día del árbol" en todos los sábados de la Semana Santa, aprovechando la llegada al pueblo de sus hijos pródigos y coincidiendo con la época propicia para la repoblación de plantas. Todos ellos son trabajos comunitarios y voluntarios.

Y dicho sea de paso, que dicho día se aprovecha y sirve de excusa para reunirse todo el pueblo en una comida de hermandad en la plaza del Ayuntamiento con el aporte de tortillas de patatas y algún que otro chorizo por parte de los asistentes. La bebida corre a cargo del Consistorio y de la Asociación.

Y que quede dicho y en voz alta, que es una muestra más de tantas que la gente de este pueblo realiza para mantener en las mejores condiciones la habitabilidad del entorno del núcleo urbano.

Y sigo...

—Con lo bien que estaba a la sombra de la acacia.

Como el tema va de árboles, no me salto por las ramas. Vamos, que con la vista que tengo desde aquí, no pienso moverme.

Desde el sitio privilegiado que poseo, estoy observando una de las obras más emblemáticas que se han llevado a cabo en este lugar del pueblo de Adobes. Y no es que lo diga yo, que puede que tenga mis preferencias más que subjetivas sobre el tema, lo dice la vox populi, que ya es decir, y hasta lo ratifican las bocas de fuera del pueblo.

Ya te habrás dado cuenta que me estoy refiriendo al Muro. (táchese lo antes dicho), quiero decir el Mirador.

La lengua a veces se deja llevar por el populacho y comete errores de difícil solución.

Que no queden dudas de ninguna clase: es EL MIRA-DOR DEL PUEBLO.

El Mirador es en realidad un largo corredor de piedra que arranca en las postrimerías del Collado y viene a morir en la bifurcación de la Callejuela con la escalera antes citada. La obra en sí es una pared hecha en su totalidad de piedra blanca traída de fuera del pueblo y con una longitud aproximada de un centenar de metros y una altura media de entre tres a cuatro metros, dependiendo del asentamiento del terreno.

Todo está hecho con piedra de cara vista, rudimentariamente tratada, y rematada en su parte más alta por unos pilones a pie de calle, equidistantes entre sí y haciendo de sus tramos la imagen de un balcón, al estar unidos por unas verjas de hierro de fragua. Sus pilones están hechos en forma almenada y sobredimensionados para resaltar más su figura.

La perspectiva actual difiere bastante de la impresión de la obra al empezar a realizarla. Hoy el conjunto arbóreo mitiga en parte la sensación de muralla que en sus principios semejaba cuando se observaba desde la parte inferior del pueblo. De ahí mi tozudez de llamarlo muro, al ver cómo se iba levantando poco a poco.

La obra se realizó en un tiempo relativamente corto teniendo en cuenta la escasez del presupuesto y los pocos medios con que se contaron. A todo esto, se añadió el hecho de que toda la piedra se trató artesanalmente en la misma obra.

Un par de albañiles expertos con el cincel y un par de peones de manobras multiusos se bastaron para llevar a cabo y a buen término una pared que terminaría siendo el escopetazo para nuevas aventuras urbanísticas y la recuperación del pueblo en general.

Cuentan y cuento que, cuando empezaron los cimientos, allá por el otoño cuando se acerca al invierno, fue empezar a cavar para hacer los cimientos y ponerse a llover. Y lo peor de todo es que cuando dejó de llover, se puso a nevar. El panorama se ponía feo.

Los que por allí rondaron no quieren ni acordarse. El frío y el agua les obligaba algunos días hasta tener que parar porque no sentían ni el tacto en las manos. Y a todo esto se añadía el lugar, donde sopla el aire a diario y en esta época del año es insoportable.

Cuentan que era tal la maldición que les había caído encima, que, aun comprobando en la información meteorológica diaria de la televisión que iba a hacer sol por toda España, cada día aparecía un **nublo**, por pequeño que fuera, se les ponía en los cogotes, descargaba su correspondiente chaparrón y se desvanecía.

Y si no, que se lo pregunten a mi primo Jerónimo, Pedro José, José y los albañiles de Motos. Yo lo único que puedo hacer es ratificar la verdad de lo dicho, pues colaboré cuando el tiempo me lo permitió.

Tras muchas penalidades, se pudieron dar por concluidos los angustiosos cimientos, lo que daba paso a la obra vista. Con el tiempo ya entrado en razones y con la incorporación de personal más especializado, se inició la parte más delicada y meticulosa de la obra.

En el tajo aparecieron los paletos de Motos, padre e hijo, buenos conocedores en el arte de hacer casas de piedra por los pueblos de alrededor, y con la colaboración especial, y casi hasta estelar, de Josetas. (Dígase José el Mamarollos, como le venía el mote por herencia familiar, y que, en realidad, más que gustarle los bollos, su tendencia era hacia la carne).

¡Quién viera a José con su rayal, puro en boca, blanco como la nieve del polvo que desprendían las piedras al cortarlas!

—José, que la llevas torcía.

—¡Qué va!, esto es arte y lo demás son cuentos.

José seguía chupando del puro a todo gas.

—¿Has visto cómo manejo la radial?

José se animaba solo.

—¡Venga, una cerveza!

José engancha la botella de cerveza que estaba encima de una losa y, sin decir ni pío, se la bebe de un trago.

—Espera que se enfríe un poco.

—La que se va a enfriar es la radial.

—Cada cosa a su tiempo.

—Y un tiempo para cada cosa.

Este José es un tipo cojonudo, tan aragán y despreocupado como bebedor y comilón. El trabajo para él debe ser algo como el arte de no hacer nada o lo menos posible, y el comer, por el contrario, el arte de saber vivir. Eso sí, lo de guardar las formas lo solucionaba rápido: acabado el trabajo, se ponía unos zapatos limpios y a vestir con el mono incluido.

—¿Has visto lo que visten unos zapatos?

—Y tanto, hasta el mono se hace pieza de vestir.

Era una norma que solía repetir con cierta frecuencia, y la verdad es que no había quien le quitara la razón.

No se enfadaba por nada. Muchas veces le llamaban el "tomizas", porque a la mínima avería que se presentaba en el viejo tractor, lo solucionaba atando cuatro cuerdas que tuviera a mano.

—Arreglao. Ya está.

Al momento…

¡Cataplás!

Otro trozo de cuerda y apañao.

A fin de cuentas, un gran tipo. —Te lo digo yo.

Pero dejémoslo con su trabajo, que si nos ponemos a contar anécdotas de nuestro amigo José, no acabamos nunca. Seguro que más adelante tendremos ocasión de celebrar alguna merienda o algún viaje a las fiestas de pueblo vecino. Verás cómo nos divertimos.

A todo esto, la pared iba avanzando y llegando a su altura determinada. Los pilones empezaban a despuntar sobre el nivel de la calle y de su acera, a falta de la verja que andaba fabricándose en la escuela de formación de Molina.

A primera vista, la obra daba la impresión de ser más grande de lo imaginado, e incluso se notaba un cierto perfeccionamiento exagerado en su realización, por tratarse de un pueblo rústico en su conjunto, y una cierta colocación antinatural de la piedra en comparación con las paredes ya existentes. Incluso el mismo color de la piedra, venida de Villanueva de Alcorón, no estaba en concordancia con la original del lugar.

A pesar de estas diferencias, la verdad es que el valor artístico del Mirador se ve revalorizado cuando se termina de colocar todo el conjunto de almenado, abordillado y su consiguiente enrejado. La realidad es que toda la obra está hecha a base de maceta y paleta, de manera artesanal.

La verja que compone todo el corredor se las ingenió el Jerónimo, por entonces alcalde en funciones del pueblo, para sacársela por la cara a los alumnos de la Escuela Taller de Molina de Aragón. Dicen las lenguas que les había martirizado tanto con la cuestión del honor en el buen hacer y mejor quedar, que al final los chavales pusieron toda la carne en el asador y, a pesar de las dificultades de última hora para poder llegar a la fecha prevista, se pudo disfrutar en el pueblo con toda su belleza.

A todo esto, y a posteriori, para quedar bien con los alumnos, hasta los invitó a la inauguración y les dio las gracias públicamente:

—En nombre del Consistorio de este Ayuntamiento, muchas gracias.

—Muchísimas gracias.

(Así cualquiera, gratis).

¡Menuda gracia!

Gratis.

Bueno, como casi todo lo que se conseguía por estos lares y en estos tiempos.

—¿Recuerdas lo de las traviesas del tren?

—Pues algo parecido.

A todo esto, la ceremonia, medio fiesta y algarabía, seguía por la calle con la ziburrería de niños y los más jóvenes asomando por las troneras del campanario, esperando órdenes para bandear las campanas.

De pronto, alguien les gritó:

—¡Que toquen las campanas!

Y sonaron.

Y mucho.

Tam, tam. Tam, tam.

Era la hora de empezar, y todo el mundo estaba dispuesto. Había que acabar de pintar la verja, y no era hora de demorarse.

Mientras las campanas seguían tocando, una confabulación de mujeres apareció dispuestas a poner manos a la obra con tal afán de arrebato que casi se convierte en confusión.

—A ver, ¿quién tiene la pintura?

—Y las brochas, ¿dónde están?

—¿Dónde está la escalera?

—La escalera, ¿dónde está?

—La que vamos a montar.

(Me suena una canción así, si quieres le ponemos música).

¡Venga con alegría!

—Tú empieza por allí.

—Tú sigue por allá.

Entre la musiquilla de la canción y el *tam, tam* de las campanas, eso era un no parar. Ya había algunos que cogían las escobas para empezar a barrer la calle.

—Vamos, apurad, que hay que acabar ya.

—Pero si ya casi está.

Tam, tam, tam, tam.

—Listo.

—Ya está.

—¡Que toquen las campanas hasta reventar!

Tras la marabunda, la gente se relajó, la iglesia calló y los chavales y chavalas siguieron jugando al "alto ministro" por las callejas colindantes.

—Sobre todo no os acerquéis a la verja, que está tierna la pintura y os podéis manchar.

Dicho y hecho.

—¿Para qué les habrán dicho nada? Ya verás…

—¿Lo ves? Ya lo sabía… ¡¡¡¡Pintao!!!!

Y llegó el día de la inauguración.

Por supuesto, y a todo lo grande. Con ver el ambientazo y la gente que iba llegando, ya se adivinaba la que se venía encima.

Yo estuve en la inauguración, como procedía: como hijo del pueblo, colaborador del evento y por simple cortesía. Si digo verdad, un poco incómodo al ver cómo las gentes del pueblo quedaban en un segundo término y cómo personas ajenas al municipio usurpaban su representación con una pantomima gubernamental.

Casi siempre suele ocurrir lo mismo. A estos pueblos se les respeta lo justo para sacar la foto y sanseacabó.

Puede que parezca ridículo, pero llegó a mis oídos que ciertas autoridades hasta tuvieron que hacer un esfuerzo sobrehumano para poder asistir, e incluso rompiendo sus ajetreadas agendas de trabajo.

(Me río yo, visto el estrés que aparentaban).

Hubo representación de la Excelentísima Diputación de Guadalajara, del Gobierno de Castilla-La Mancha, el alcalde de Molina de Aragón y una gran mayoría de los pueblos limítrofes y de la comarca. Sin olvidarnos del médico, veterinario, guardia civil, maestros, forestales, boticario y hasta el cartero y panadero de turno.

En general, se apuntó todo quisque y bicho viviente, con tal de figurar en la foto y por si de rebote caía alguna subvención, aprovechando la tarjeta de visita de tales autoridades.

Y, como casi siempre suele suceder, los del pueblo a un lado.

Y como si de un ritual se tratase…

Y casi con la reverencia protocolaria…

Y como si lo mandase la Santa Madre Iglesia…

—Gracias por haber venido.

—Gracias por haber llegado.

—Sean bien recibidos.

—Sean bien allegados.

—Que se sientan halagados.

—Que para servir estamos.

(Y los del pueblo, de mirones, a un lado).

Tras los guisopazos con agua bendita de rigor por parte del cura de la zona sobre la pared del muro, y los siguientes parlamentos de las autoridades revindicando sus méritos, la comitiva se da media vuelta y el alcalde procede a dirigir el rebaño a otro lugar.

—Y ahora, señoras autoridades, procederemos a degustar la comida que con tanto afán han preparado las mujeres del pueblo.

Se me olvidaba decir que hubo hasta charanga. Que fueron recibidos a son de tambor, flauta y acordeón.

Mientras la comitiva avanzaba al son de la música hacia la plaza, las dos docenas de niños y niñas se atropellaban para coger la delantera. No era nada frecuente corretear delante de un acordeón, salvo que fuera fiesta patronal y de guardar.

—Por favor, primero las autoridades.

—Que este es un día muy grande y hay que celebrarlo.

—Que tomen sitio por protocolo.

—Autoridades, alcaldes y mandos.

Y los del pueblo a un lado.

—Que sirvan primero la mesa que se ha acondicionado para dar satisfacción a los recién invitados.

Y los del pueblo a la cola y esperando.

Son cosas de la burocracia que hay que ir asimilando. Que luego habrá que pedir otra subvención, y mejor ir allanando el camino.

La comida es lo de menos. Claro que, con la andorga llena, lo que procede son las copas, el café y los agasajos. Que el olor a chuletillas de ternasco se lo llevan impregnado entre las manos.

Y para poder acabar como mandan los cánones, un pasodoble forzado echarán para mejor justificar lo bien que se lo han pasado.

Y los del pueblo, aglomerados a un lado, mirando lo que ha sobrado de comida y lo que va faltando de bebida en las botellas.

Y chimpum…

Gracias por haber venido,
y gracias por haberos marchado.
Ya se van los invitados,
todos con coches holgados.
El chofer en el asiento de adelante,
detrás el jefe diezmado.
Poco a poco y acelerando,
los de los pueblos de al lado,
que se olvidaron de soltar
el atajo de *ganado*.
Luego… Estos no los vi yo,
los que apalancados quedaron
junto a la barra del bar
y con el reloj despistado.

Ahora me viene a la mente…

Seguramente, parte de esta historia empezó muchos años atrás, cuando eran otros tiempos. Recuerdo vagamente haber leído unos articulillos que se publicaban en el periódico oficial del régimen, referidos a los pueblos de nuestra provincia y que se titulaba ***"Visita a nuestros pueblos"***.

En dicho periódico, de cuyo nombre no quiero acordarme, ya sea "Flores y Abejas" o "La Nueva Alcarria", aparecía en primera plana y con letras bien grandes y visibles, un alusivo al viaje del Excelentísimo Gobernador de la Diputación de Guadalajara, en pos de aventuras por los pueblos de la Serranía y Parameras, allá por los confines de la provincia donde el Señorío de Molina se junta con Aragón.

Y que decía… En el día de la fecha, el Exc… y tal y tal… en compañía de… y en visita rutinaria, visitaron el pueblo de Adobes, allende en las estribaciones de los Montes Universales.

Y seguía… Tras un gran recibimiento por parte de las autoridades y sus conciudadanos… y por espacio de quince minutos… se le expusieron por parte del Consistorio y en nombre del alcalde sus necesidades más acrucientes.

Esto hace que ocurriera decenas de años, en el siglo pasado, y que el dichoso periódico lo habían guardado para dar fe de que el pueblo había existido y que hasta salía en el papel.

Y seguía diciendo… Tomada nota por parte del secretario de turno, reanudaron el viaje al pueblo siguiente donde mandaba la agenda.

Y apostillaba… Entre las necesidades más acuciantes, le solicitaron si tenía a bien intervenir en los organismos competentes por si podían traer la línea de la luz eléctrica y, en segundo orden, la posibilidad de subir el agua corriente a una fuente en medio del casco urbano.

Y pasaron los años…

Los candiles seguían dando una pizca de luz y de esperanza, el aceite escaseaba más de lo debido, el petróleo ni se olía y las teas se rifaban en las toconas de pino por la dehesa. Las velas, ya caras de por sí y de corta duración, se encontraban escasamente en torno a las dos patronas de la iglesia del pueblo, para que no dejara en el olvido la solicitud que aparentaba olvidada por los gobernantes.

Y las Patronas, Santa Cristina y la Virgen de la Cabeza, hablaron con sus Excelencias, y a las pocas semanas…

¡Toma ya!

¡Milagro!

Y se acabaron las teas
y resurgió la esperanza.
Aparecen las jarrillas,
postes, alambres y ganas.
Dicen que traen la luz,
y que por los cables pasa.
Que ponen un contador
para saber lo que gastas,
que llenan todo de palomillas
de fusibles y bombillas.
Y que para pagar se paga
por lo que de vatios se gasta.

Hoy en día sería difícil imaginarnos nuestro pueblo por los años cincuenta del siglo pasado, con una fisonomía urbana rústica y abandonada a la suerte de animales domésticos como gallinas o cabras sueltas por la calle, a la par de todo tipo de perros y gatos. Aquellas callejuelas, callejones y callejas llenas de gallinazas y cagarrutas eran un entorno habitual y casero entre la población, y asumido como norma de convivencia en la vida del pueblo.

Y como ejemplo, me quedaría en esta misma cuesta donde me he perdido contándote sus pormenores y su evolución en el tiempo. Érase lo que fue: cenicero diario de lumbres insofocadas de brasas con olor a grasa, nidales de gallinas correverdiles, basurero de despojos para animales hambrientos, sarcófago de huesos descarnados, reserva de hojalateros, sestero de cabras en primavera y verano, glorieta de jilgueros, cardelinas, gorriones y colorines, vivero de cardos y venenuchos, huerto para ortigas de mala leche, plantel de ababoles, estercolero humano en la penumbra de la noche, meadero de urgencia y letrinas a perpetuidad.

No es que se me escapen detalles, pues explayarse más en este asunto sería un tanto antiestético y nada apetecible para recordar, y además muchas más ocasiones saldrán a no mucho tardar por otros muchos rincones de nuestro querido pueblo.

Que, puestos a elegir…

yo prefiero quedarme en esta cuesta donde estoy, con el olor de los espliegos, romeros y hierbabuena, y con el colorido de los periquitos, rosales, petunias y geranios.

Es cierto que ahora podemos observar este entorno de la llamada "Cuesta del Tío Martín", aparentemente rejuvenecida cual moza adentrá en edad de merecer, harta de maquillaje y polvorines, sin otra excusa estética que provocar las miradas de la gente de paso.

Y cierto es que hasta hay gente que viene a ver este sencillo mirador.

Como cierto es que, cuando se hizo, no se pretendía que fuera solo para gozo de la vista. Y si exagerado ha parecido, la pena ha valido. En realidad, se trataba de hacer una pared rústica que simplemente cumpliera el que no se descarnara el terraplén que formaba la cuesta.

A poco que se nos vaya la vista en la historia, podremos comprobar que el anarquismo urbano que se iba produciendo en los años sesenta (1960) del siglo pasado para acá, no ha sido el más deseado ni el más adecuado para un pueblo de las condiciones como el de Adobes.

Cada cual ha rehabilitado sus propiedades en función de sus necesidades particulares y de sus capacidades económicas, sin tener en cuenta el entorno serrano en que se halla asentado.

De aquellas paredes de piedra en seco o, como mucho, con argamasa de cal y arena —habituales en toda la zona en tiempos pasados—, hoy en día solo quedan unas cuantas que amenazan ruina y no merecen la atención de sus dueños, o las han olvidado para siempre. Lo habitual, por el contrario, es ver normales fachadas revocadas de mil y una apariencia, sin otra justificación que el ahorro económico o el tapujo visual.

Con el paso de los años, ha quedado demostrado que, cuando hay colaboración y ganas de hacer las cosas bien, este mismo casco urbano puede recuperarse, y hasta respetando su propio entorno serrano.

En segundos, recordaba un montón de años pasados, desde mi infancia hasta mi juventud, y los años posteriores en los que floreció el ansia de recuperar la historia y lo antes abandonado.

¡Ea! Con lo bien que me lo estaba pasando ahora, recordando mis años de chiquillo zagalindrón.

A escasos metros, una algarabía de muchedumbre alborotada parecía indicar que la ceremonia de inauguración se daba por acabada.

Con lo bien que estaba yo aposentado al lado de la acacia, soñando con la ilusión de ver acabado el acto, y vienen y me despiertan acelerando sus motores resabiados de los señores amos. No tuve más remedio que despertarme.

Un nublo rondaba en el cielo con cara de bonachón. Su sombra invadía todo el Sestero y casi por completo el Quiñón.

—Es hora de aprovechar —pensé yo— de dar un tranquilo paseo ahora que el sol se ocultó.

Sin un objetivo claro del lugar a visitar, púseme en marcha hacia el Quiñón, donde el ribazón es más cómodo de bajar, justo al lado de la casa de la tía Miguela, donde dos ruedas de carro acaban sus días al ventestate.

La casa de la tía Miguela seguía cerrada desde hacía tiempo, tanto tiempo que el abandono permitía que el hierbazal se metiera hasta las mismas entrañas. Un cardo macuquero se había enzarzado a guerra abierta con un ababol para dirimir de quién es la segunda bocateja del tejado que se orienta hacia la solana. Arriba, en la cumbrera, un montón de venenuchos observando la pelea sin apuestas que decidir, y desde la orilla de la casa, unas malvas estirando sus jirafudas cañas para ver cómo acaba la pelea o si llegan a un acuerdo meditado.

Yo, por mi parte, no le daba más importancia. La única pretensión que tenía era adivinar el surco que, en otros tiempos, las mujeres tenían dibujado como vereda para llegar hasta el arroyo donde remojar la colada o fregar los cacharros, platos y otros utensilios usados en las comidas. Buscaba aquel ribete verde que, entre los piazos, quedaba en forma de ribazo, y que ahora no solamente ni se notaba, sino que ya no existía debido a la moderna roturación mecanizada.

Casi sin quererlo, o más bien por azar, tropecé con una hita envuelta entre el hierbazal, lo que me indicaba que por allí iba el marcen de una finca. Con la vista, y quizás con el olfato, intenté hacerme con la otra orilla de la forma más recta posible.

Y hablando de hitas…

Las hitas consistían en unas piedras a forma de mojón que se ponían en las esquinas de los piazos para determinar la propiedad y las dimensiones de los mismos. Estas piedras o señales eran consideradas como sagradas, y a nadie se le ocurría moverlas, a salvo que quisiera verse metido en un buen jaleo o incluso en motivo de juicio. Era, y sigue siendo, algo así como la escritura pública de propiedad.

Y dicho esto, supongo que aclarado.

—Vamos para allá —me dije—.

Si sigo por el surco, que mal arado han dejado, seguro que llegaré a topar con el lado contrario hasta la acequia del arroyo, aunque podría errar un poco con la hita opuesta, si es que aún existe con el paso de los años.

Mentalmente, había llegado.

Ahora llegaba la hora de la verdad. Era momento de decidir arrancar y cruzar el Quiñón.

Así pues… ¡Vámos!

Empecé por medio del trigal, entre uno que otro cardo, sin darme cuenta de que estaba navegando.

Mis habilidades no son exactamente el nadar y navegar, dado que soy de secano y de tierra adentro, y si me he de defender en marejadas, no es mi fuerte, o más bien todo lo contrario. Mi atrevimiento me dictaba que, entre el oleaje del trigal, debería pasar algunos apuros para llegar a abordar la otra orilla a través del mar de espigas.

El Quiñón es muy tranquilo, visto desde la mirada del pueblo, como una ensenada calmada y tranquila, acostumbrada a convivir con el ajetreo de las gentes del pueblo.

Raramente puede verse marejada, a no ser que se encabriten los aires del poniente y se arremolinen de mala leche entre la Pinochá de Cerrocaballos y el Barranco de las Escalerillas.

El Quiñón, como indica su propia palabra según la lengua castellana y la tradición popular, se considera una porción de tierra pequeña que se da a una persona o varias para su cultivo en pos de una ayuda familiar de sustento para la comunidad de un pueblo. Siempre eran trozos pequeños, un quiñón, casi como un huerto, y de tierra de excelente calidad para el desarrollo de legumbres y patatas para el consumo diario. Cercano a los núcleos urbanos y preferentemente destinado a la siembra de hortalizas para el consumo de las casas. Los quiñones también eran el reparto de ricos prados de hierba que se usaban para la cría y mantenimiento del ganado familiar.

Aunque se suele decir que un quiñón equivale a 2,5 hectáreas, la realidad es que se considera como zona productiva suficiente para el sustento de una familia, sin tener en cuenta la extensión del mismo. Por estos lares, en el lenguaje popular y tradicional, se suele hablar de fanegas como medida para entenderse a la hora de hablar de agricultura. Su equivalencia es de media hectárea y un poco más, unos seis mil ciento y pico de metros cuadrados.

Del Quiñón del pueblo de Adobes —los Quiñones— ya se hablaba allá por el siglo XII, cuando pertenecía, junto con la Dehesa Somera, al valedor del pueblo vecino de Alustante. Y sale a relucir en cierta ocasión porque se estaba pastoreando sin contribuir a la hacienda pública, junto con otras dehesas y prados de hierba de especial interés para el Real Señorío de Molina de Aragón.

No cabe duda que debería ser un hermoso y verde prado. Aún recuerdo, no hace tantos años, cuando lo convirtió el señor Enedino en un cercado dedicado a pastar su rebaño de vacas. Y no debe ser casualidad que tanto por arriba como por abajo, en sus márgenes, se sigan llamando sus parajes: el Prado de los Lienzos y el Prado de la Ermita.

El Quiñón se convirtió en los Quiñones años después, cuando se mandó repoblar los pueblos de la Sexma del Pedregal y de la Sierra, haciendo el consiguiente reparto entre las gentes que se asentaron por estos parajes, y del que derivan los primeros núcleos urbanos estables.

Con todas estas iniciativas de los Señores de la Edad Media en el Señorío de Molina, se intentaba fomentar y fortalecer la autonomía de la zona entre Castilla y Aragón, y con todo ello, iniciar una agricultura fuerte y la verdadera y principal fuente de supervivencia que es la ganadería.

Actualmente, y estoy ya a primeros del siglo XXI, y tras la concentración parcelaria realizada para la modernización y adecuación para la maquinaria agrícola moderna, los Quiñones han pasado a ser de nuevos propietarios y con nuevos repartos de dimensiones. De aquellos quiñones que estaban formados por diminutos piazos —donde tenían representación la mayoría de las familias del pueblo— ha pasado a tener escasas medias docenas de fincas, y casi seguro que con el tiempo se irán uniendo mediante compras o absorciones.

Si salvamos los populares huertos de la Fuente de Abajo y acaso los del arroyo de los Molinos, los quiñones eran el lugar de labor más propicio para cualquier tipo de recolección, desde cereales a legumbres u hortalizas. De ahí el interés de las gentes de este pueblo para hacerse con un trozo de tierra de este lugar. Si además añadimos que la distancia está a tiro de piedra desde las casas, con la consiguiente vigilancia permanente, todavía reafirma más el hecho de deseo e interés.

Geológicamente, la forma del quiñón es como una pequeña cañada, de origen sedimentario, debido al arrastre de materiales procedentes de la erosión que, a través de los siglos, se han producido desde los barrancos de la Dehesa Boyal, el Espinar y los rincones de las Paderejas y de Valdecatalina.

Su peculiar situación le convierte en un lugar ideal para el depósito de aguas subterráneas, por la cantidad de vertientes que confluyen en él.

Su parte más baja o desagüe se halla estrangulado en el lugar antes citado del Prado de los Lienzos, y que da como afloramiento de agua en la llamada Fuente de Abajo.

Por medio del prado transcurre su correspondiente royo o acequia. Unos cientos de metros más arriba, se bifurcará en dos direcciones: una hacia la Dehesa Baja o Boyal, y otra hacia el canalón del barranco del Espinar y las Paderejas.

Del royo o arroyo de los Quiñones, cabe resaltar una serie de encaños que iban a desaguar a su acequia y que hacían que su caudal fuera permanente durante todo el año, y que sus tierras se vieran liberadas del agua y el exceso de humedad, con ello poder hacer las labores cotidianas para su aprovechamiento.

Es verdad que su cauce y caudal no permiten grandes cosas, pero también es verdad que, en aquellos tiempos en que el agua no llegaba al pueblo, se aprovechaba para bajar a fregar los platos y las perolasusadas en la preparación de las comidas, lavar la ropa en unas cuantas pozas adecuadas para dicho uso, e incluso en la temporada de recolección, para mojar la encañadura para hacer los haces de mies.

Y viene al caso...

La otra tarde-noche, recordando con las mozas-chavalas de aquellos tiempos, me confirmaban las dos veredas que había para llegar al arroyo de los Quiñones, según el barrio del pueblo donde se vivía. Los —mejor dicho, las— de la zona del poniente usaban la vereda que salía desde la casa de la tía Miguela; los y las de la solana cogían la vereda que iba a parar en la noguera que por aquellos tiempos reinaba en la orilla del royo; y el resto, habitualmente, se acercaban al Prado de los Lienzos o a la misma Fuente de Abajo.

—¿Te imaginas a las mozas del pueblo haciendo malabares para poder poner el equilibrio en sus calderetas sobre sus rodetes? Y si sus barreños al anca y con un caldero de contrapeso en el lado contrario... Puede que resulte irreal e incluso irrisorio, pero es pura realidad.

Y volviendo a la actualidad, ya por el siglo XXI, tras la concentración parcelaria, la destrucción de los encaños por la maquinaria moderna y el cambio climático, el royo se va quedando seco durante la época estival y parte del resto del año. No obstante, el agua subterránea sigue su curso y mantiene algunos meses el manantial de la Fuente y su lavadero.

Su cauce es propenso a verse invadido por miles de cardos y hierbas debido a la humedad que conserva en su capa superficial. Su arboleda es nula, a salvo de un gran olmo que hay en las cercanías de la Ermita y unos descontrolados ciruelos asalvajados.

En cuanto a la fauna del lugar, podremos encontrar aves migratorias como la codorniz, y cantidad de pequeños roedores y anfibios como el ratón, el topo, el erizo, el escuerzo, la rana, y reptiles como la víbora, la culebra, etc., por no nombrar a la cantidad de gatos que rondan por el lugar en busca de su menú diario.

Si seguimos por el terreno en sentido ascendente, deberíamos dar por terminado el Quiñón a la altura de la actual carretera, ya que se convierte en una barrera natural, si bien en otros tiempos seguía hacia el canalón que lleva al Espinar. Como límites actuales, yo pondría los caminos de la Fuente, el camino de la Esteva, la actual carretera hasta la boca del Arenal, el camino de los Poyales y toda la umbría del Sestero.

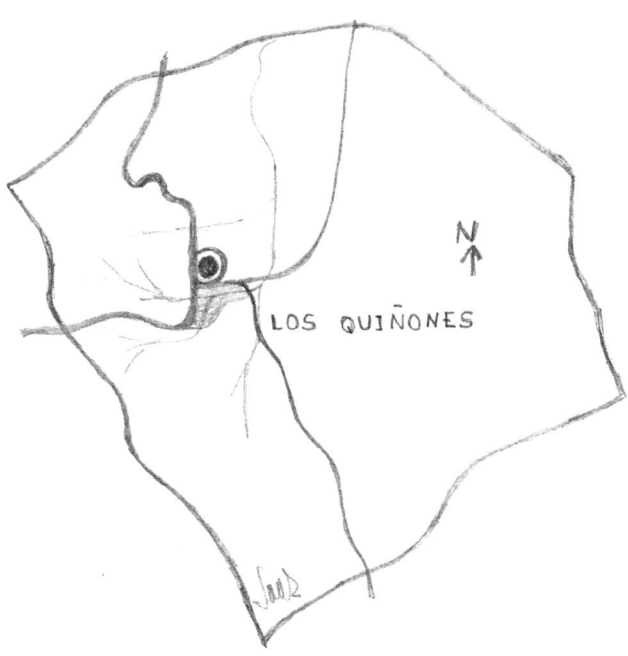

Su excelente tierra se comporta como una esponja a la hora de acumular el agua. En muchos casos, y debido a su saturación, fluye a la superficie en lugares donde el nivel freático es parejo o inferior a la acequia. De ahí que, en sus partes más bajas, se dedicara en tiempos pasados a cultivos como la remolacha, la patata, el nabo, la beza, e incluso hortalizas como las coles y otros tubérculos.

Y por supuesto, no es de extrañar que, en su parte más baja, se construyeran un entramado de encaños para evitar el embolsamiento de agua y, una vez saneado el terreno, poder cultivarlo y explotarlo.

Una red subterránea de encaños digna de ingenio, y que hoy las máquinas agrícolas modernas se han encargado de desbaratar. Hoy en día, cuando la climatología es benigna con exceso de humedad, se pueden volver a observar aquellas arterias en forma de balsas, charcos o navajos, visibles perfectamente desde las casas del pueblo.

Los citados encaños se construyeron a una profundidad adecuada a los arados usados en aquellas épocas —arados romanos tradicionales usados en estas zonas por medio de mulos o machos, borricos, e incluso alguna que otra vaca—. Está claro que los excesos de caballos de los modernos tractores de hoy en día no respetan demasiado, metiendo sus vertederas hasta los hígados y destruyendo en su totalidad la red subterránea de encaños.

—Y te cuento…

Puede servir de ejemplo, anécdota o incluso como recuerdo de mi pasado de chaval en el pueblo. Te aseguro que es muy reconfortante recordar viejos tiempos.

Con apenas doce años, tuve la ocasión de ayudar a mi padre a reparar uno de esos encaños, cegado por el paso del tiempo. El piazo se encharcaba en cuanto llovía más de la cuenta, y no había manera de poder sembrarlo en el momento oportuno.

Y puestos manos a la obra, empezamos levantando la primera capa de tierra o de labor para ir descubriendo la canalización y llegar a los primeros guijarros, para posteriormente ir sacando las piedras más grandes y clasificarlas con sumo cuidado, para facilitar a posteriori la labor de acondicionamiento. Fuimos descubriendo la vena principal hasta llegar a encontrar las ramificaciones más estrechas y de menos longitud.

Y todo ello a base de lomo, legona, pico y pala. Para ser más exacto, se usaban dos clases de palas: de parecido tamaño, pero de distinta forma y de distinto uso.

La tradicional y más cóncava, para sacar la tierra; y la llana, plana y cortante en su parte inferior, que se usaba para sacar los cespetones de hierba y la tierra embarrada.

Una vez descubierta toda la red, se procedía a rehacer la canalización mediante la pala llana, para darle la anchura y el nivel adecuado para que el agua se deslizara por gravedad sin ninguna dificultad.

Pude comprobar que el dicho de "pata de gallina" -que suele usarse cuando se hablaba de encaños- era cierto. Tenía su explicación en cuanto a la forma de hacerlos, ya que de una vena central salían dos o más ramificaciones que servían de cauce al principal, a semejanza de la huella que deja una pata de gallina al andar en terreno húmedo o mojado.

La profundidad media rondaba de los cincuenta a los sesenta centímetros, dependiendo del terreno a sanear, teniendo en cuenta la distancia a la bocana de salida y la inclinación del terreno, y nunca menos de la distancia prudencial que se suponía iba a pasar el arado, para evitar que lo levantase o lo destruyera al labrar el piazo. La anchura del encaño dependía del caudal a desaguar y de la medida de las piedras a usar.

Una parte muy importante al rehacerlo era darle la inclinación necesaria para dar salida natural al agua y que, a su vez, mantuviera el grado de humedad necesario para facilitar el cultivo.

Puestos ya en el tajo, me aclaró que las piedras había que ponerlas con especial esmero porque, de ello dependía que, al volver a colocarlas en el canal abierto, debían de ir como anteriormente estaban para que el encaño pudiera desaguar correctamente. Y como aviso, mi padre me alertó que, más de una vez, y por desconocimiento, el conducto quedaba ciego y se quedaba el agua retenida en la propia finca.

Puesto todo el proyecto en manos del arquitecto -véanse mi padre y un servidor-, y analizadas todas las soluciones, procedimos a su confección.

Para empezar, comenzamos seleccionando las losas más grandes en base a la forma del empedrado, intentando ajustarlas al máximo con el fin de ayudar al agua a que se deslizara sin obstáculos en su camino.

Poco a poco, fuimos dando la forma de triángulo al canal, puesto que el vértice de apoyo debía de ser en forma de cuña, para evitar que se hundiesen o se volcaran y con ello quedara obstruido.

Cuanto más nos adentramos en el piazo, las piedras eran más pequeñas y el encaño se hacía más estrecho -hecho lógico por otra parte- porque el agua que iba a transcurrir era de menor caudal.

Faltaban pocos metros para cavar, y mi experiencia me decía que faltarían piedras, pero la voz del ingeniero de mi padre negaba la mayor, y me recordó que, si el encaño estaba bien hecho, no debería ni faltar ni sobrar; todo estaba ajustado al proyecto inicial.

Acabada con éxito la primera parte -y la más delicada-, la segunda consistía en el rellenado de guijarros, empezando por los más gordos para acabar con los más pequeños. Con sumo cuidado, fuimos rellenando toda la cavidad para evitar su derrumbe, y presionando los laterales para con ello conseguir que se encastraran bien las losas.

Prácticamente acabada la obra de ingeniería, el resto era puro trámite de relleno de la misma tierra que teníamos a los lados. Costó entubar todo, pero a base de apretones y de unas semanas con algún que otro aguacero, se encargaron de cicatrizar las heridas.

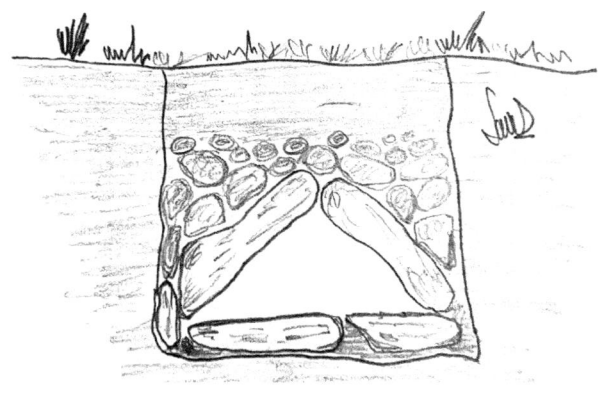

—¡Se acabó!

—Eso te parece a ti.

—Pero si ha quedado de maravilla.

—Falta lo principal.

—¿Qué?

—Que cuando se ponga de temporal y se almacene el agua debajo de la tierra, salga al royo sin impedimento.

Y seguimos con el tema…

Más que nada porque a un servidor le interesa, y el lector puede decidir saltarse las páginas que estime conveniente.

Y sigo…

A pesar del daño producido por la maquinaria moderna y del poco valor que hoy en día se les presta, aún pueden verse vivos en nuestro término municipal varios de ellos. Físicamente sé de algunos, los que quedan vivos, aunque siempre me viene a la cabeza el popular de siempre de la tía Narcisa.

En favor de los encaños, aparte del comentario antes pormenorizado del saneamiento de las fincas y piazos, tendríamos que resaltar la función de verdaderos grifos que alimentaban las acequias. Hoy en día muchas de estas acequias están secas por causas naturales, abandonadas por falta de limpieza y repletas de maleza que se han apoderado de su cauce, y en la que los encaños han dejado de encontrar su salida natural y han tenido que buscar otras vías de desagüe.

Antiguamente se decía, según los expertos, que un encaño estaba ciego cuando en época de lluvias y propicia para echar agua, no la sacaba del piazo y se embalsaba. La solución era volver a levantarlo y rehacer de nuevo su cauce. Hoy en día la mayoría ya no existen, y como mucho lo único que se puede intuir es el ojo de su salida a la acequia. Puede que en alguna finca pequeña, como huertos, aún queden reliquias casi desconocidas.

Otra de las cosas a resaltar es el ecosistema que encontraban cantidad de pájaros y animales que ya estaban acostumbrados a usarlos como bebederos habituales a diario.

—¿Quién no recuerda el pasar por sus orillas y ver saltar media docena de pajarillos?

—¿Acaso alguna rana, e incluso escuerzo, escondido entre los juncos o berros verdosos?

Y muchos restos más de animalillos invisibles que surcaban por los piazos y que tenían que hacer sus visitas con frecuencia para saciar su sed o refrescarse del calor.

Al final, la sequía ha mermado el valor de los encaños, pero el abandono y la desidia los ha cegado.

Pero no solo de pan vive el hombre… y si no, que se lo pregunten a las gentes que iban a segar con un calor tórrido y tenían que recurrir al encaño de turno más cercano para mojar el moquero y ponérselo en la cabeza y refrescarse, o coger unas palmadas de agua para llevárselas a la boca y la cara y refrigerar el gaznate.

Y no te digo nada de la cantidad de bálagos de vencejos que se mojaban en los pequeños charcos que se formaban en sus desembocaduras.

¿Cuántos y cuántos? ¿Cientos y cientos? ¿Miles y miles? ¿Ni se sabe… quién ha llevado el recuento?

Tal vez la encañadura tenga que ver y mucho con la caña de que está hecha, pero no es menos cierto que si no hubiera sido por los encaños, muchas veces no se hubiera podido anudar con vencejos y mucho menos hacer los haces de mies y atarlos para luego acarrearlos.

—¡Ufff... no sigas!

—¡Para ya! ¡Vaya coñazo con tanto encaño!

Si digo verdad, lo entiendo, pero el que escribe es un servidor, y si no te gusta o estás harto de oír lo mismo, pues te saltas unas hojas y tema solucionado.

Y pensar que todo este rollazo me ha venido a la cabeza mientras braceaba entre el trigal del Quiñón, intentando alcanzar la orilla opuesta del arroyo. Y doy gracias que el oleaje no pasaba de manejadilla y que los cardos me han permitido no salir escardado, pues de lo contrario ahora estaría ahogado en medio del océano del trigal.

—¡Ojalá...!

—¿Decías algo?

—¿Quién, yo?

—Me parecía haber escuchado algún comentario sobre los cardos.

Por cierto, ahora en estos tiempos ya no se escarda. Con tanto pesticida ya no les dejan crecer, pero en aquellos tiempos en los que te relato, algunos ejemplares te hacían frente, y o te dabas media vuelta o te acribillaban a pinchazos.

Y sigo...

Seguía por medio del trigal. El surco que marcaba el camino a seguir se había difuminado con el espesor del vergel, y mi rumbo andaba un tanto a tientas. No debía estar muy lejos de la orilla de la acequia, pues unos cardos borriqueros gigantes tenían su fuerte preparado por si se acercaba algún enemigo.

En las últimas brazadas, contaba ahogarme con el espesor de las cañas y la altura de las espigas, pero al final conseguí hacerme con la orilla y respirar ya más tranquilo. Hasta tuve suerte y encontré la hitaque buscaba.

—No sé por qué narices me meto en estos berenjenales. ¡Vaya lío en que me he metido! Pero me da igual.

Y sigo…

La famosa hita la encontré camuflada entre unos cardos. Bien puesta, por cierto, algo inusual porque apenas asomaba entre los hierbatos, pero que no había quien la moviera. Bien sabía cada dueño —por no decir la totalidad de los dueños de las fincas— que el vecino de turno intentaría moverla por aquello de comerse un palmo más de tierra y añadir un surco más de producción. Así que, a la hora de poner una hita, que sea lo más grande posible y tan clavá que no se pueda mover.

Una hita, para el que no ha vivido en el campo, es una señal que delimita la propiedad de una finca en cuestión. Habitualmente se aprovechaban las piedras que salían en los propios piazos, siempre las de mayor tamaño, y puestas en el lugar adecuado donde desde siempre estaba estipulado y consensuado según las escrituras escritas o por las tradiciones populares de los agricultores.

Y cabe decir que controversias las ha habido siempre entre las gentes de este pueblo con las mencionadas hitas, y es que la defensa de un palmo de terreno llegaba a situaciones de enfrentamientos personales. Y no servía de excusa la pericia del arte del labrador, ni del buen o mal uso de las caballerías al hacer los surcos.

En el ancestro popular, la hita se consideraba como una escritura legal de propiedad. Modificar o cambiar una hita de lugar era motivo de sanción, e incluso si se movía o se levantaba al pasar el arado.

Recuerdo recientemente cuando se llevó a cabo la concentración parcelaria de tierras de labor, que a la hora de hacer el recuento de fincas —de fanegas, hectáreas, áreas y celemines—, tuvieron que recurrir a los sabios y viejos del lugar para determinar, en casos de duda, la medida exacta.

Lo primero que hacían era desplegar las escrituras y registros válidos de operaciones entre particulares para determinar la titularidad. Lo segundo, en caso de duda, era ir a buscar las hitas o mojones de piedras que servían de referencias válidas para solucionar el asunto. En casi la mayoría de los casos se dieron con las hitas, y en otras muchas, buscando, llegaron a ver los indicios de haberlas habido.

Hoy día, sin ir más lejos, a pesar de haberse modificado y concentrado una gran mayoría de los piazos, pueden observarse en muchos ribazones las piedras como testimonio del pasado.

Como comprobación fehaciente de lo antes dicho, no estaría de más que te dieras una vuelta por las orillas del pueblo, a poder ser de alguna persona mayor del pueblo, para poder ratificar lo antes expuesto.

Y no hay que ir muy lejos.

Y no es que lo diga yo. (Que, por cierto, cuando empecé con este asunto era de mediana edad; en estos momentos, ya jubilata por obligación).

Otro paréntesis ( )…

Si te dijeran o te explicaran la palabra "mojón", no te dejes engañar ni confundir. Tienen funciones parecidas, pero en realidad su función es distinta y con peculiaridades propias. Ya te anticipo que haremos un paseo por la Pedriza, donde hay una senda preciosa para disfrutar.

Eso será otro día.

Y sigo…

Me había quedado sentado un rato, observando y disfrutando de la policromía que ofrecía el Quiñón. En este tiempo de primavera es como un jardín de ensueño, con el caserío del pueblo varado en un plácido y verdoso mar de espigas.

Decidí seguir acequia arriba hasta la Ermita de la Soledad para acortar el camino de salida, y me encontré con un encaño escondido, por donde salía un agua limpia y cristalina. Pedí permiso a unos juguetones renacuajos para poder cogerla con las palmas de las manos, a lo que accedieron sin ningún tipo de inconveniente.

En aquellos momentos, me vino al recuerdo que, de niño, segando con mis padres el piazo que hay al lado, lo tenía más que visto, aunque en estos mismos momentos me causó mucha más impresión de lo habitual, pues no contaba que todavía siguiera como antaño.

Espero que no sea un coñazo otra vez volver a lo mismo.¡Aguantar un poquito!

Y prosigo…

Enseguida acabo.

Te digo de unos cuantos, por si decides ir a buscarlos. De memoria…

Bajando el camino de Tordellego. A la derecha, y en el Pradonero.

En las Cañadas. Justo debajo del puente de la carretera.

En el camino viejo de Alustante. Donde cruza el arroyo el camino.

Uno en Vallejoblasco.

Otro en el Canalón.

En la Lagunilla.

En el Hontarrón.

En el Prado de la zarza.

En el Armachal.

Y ya no sigo más…

O sí…

La imaginación se había encargado de encañar los viejos recuerdos y la ilusión de navegar entre un mar de deseos.

Al Quiñón

Entre oleaje de espigas
Navegan las cañas de trigo
Verdeando con matices
Recuerdos edad de niño.

Quiñones cuadriculados
Con orlas de mil colores
¡Verde sobre tierno verde!
Con ribetes de aguamieles.

Un árbol junto a la Ermita
Como guardián vigilante
Deja deslizar su sombra
Entre las espigas danzantes.

A un lado se asoma el Sestero
El pueblo al lado contrario
Por medio se pasea el arroyo
Y la Fuente a su regazo.

Un pozo medio sediento
Un royo casi apocado
En espera de un otoño
O tal vez de un mes de mayo.

Mil cardos en sus orillas
Avasallando el ribazo
Y diez mil flores que luchan
Por imponer su liderazgo.

Abandoné el Quiñón por la puerta de la Ermita. Le acuqué el ojo a la Virgen para despedirme y para proseguir el camino al pueblo.

Mientras caminaba, iba pensando por dónde seguir y cómo inventarme alguna cosa para entretener al leyente.

Pienso, luego existo.

La exageración es la madre de la ilusión. A veces hay que escudarse en ella para no perder la esperanza en lo que uno desea.

El deseo de este pueblo de Adobes para que siga vivo está en la mente de los que lo viven y lo disfrutan, e incluso en la cabeza de los más opositores a que desaparezca, lo defenderían en un último momento de desesperación.

Es evidente, hijo del tío Vicente, que me dejo llevar por la exageración en muchos de los casos y cosas que te relato, pero no es menos cierto que si no fuera así y por esa misma ilusión, no perdería el tiempo en estos menesteres de seguir escribiendo.

De un tiempo para acá, he visitado el pueblo con más asiduidad de lo debido y normal, pues la intriga por descubrir otros muchos lugares recónditos y perdidos ha acrecentado el interés y el ánimo.

La búsqueda de alguna historia oculta o anécdotas tradicionales y populares para contar se ha convertido en una especie de droga sana a la que cada vez me siento más enganchado. El tiempo cada vez tiene menos minutos para disfrutar, los segundos ni existen y casi siempre faltan horas para poder cumplir con lo previsto, aún a costa de hacer kilómetros de carretera, caminos y campo a través.

Te aseguro que, si un día te digo que el olor del espliego o tomillo invadía las Lomas o la Pedriza, es porque mis botas han destilado con su pisoteo el aroma perfumado que exhala el viento.

Y que por cierto… un día hablaremos de la flora del lugar. Posiblemente, esta zona de la Sierra del Alto Tajo, juntamente con la Serranía de Cuenca, se pueden catalogar entre las zonas más privilegiadas de todo el continente europeo en cuanto a flora silvestre. En serio, y no es que lo diga yo, lo dicen los expertos en la materia y de manera reiterativa.

Pasarán algunos capítulos hasta que llegue el momento, pues a las horas estoy un poco pez en el asunto y necesitaré asesorarme debidamente, aunque solo sea a nivel de estudios primarios.

Que distinguir la flor de una liaga de la de una gedrea es elemental para cualquier persona que presuma de andarín campestre, pero insignificante para descubrir la amalgama de colorido que se esparrama por nuestros campos y montes.

Aprovechando las idas y venidas al pueblo, he intentado mimetizarme con las costumbres y hábitos, ya sea en la manera de pensar como en la de actuar, provocando imitaciones de los antiguos moradores de la comarca, sobre todo en lo que se refiere al lenguaje tan ordinario, variado y preciso que se usaba para definir y describir las cosas. Resulta increíblemente bello el escuchar expresiones gramaticales llenas de acierto y tino, aunque a veces puedan parecer antiguas o extravagantes.

Por estos lares aún se conserva el antiguo idioma castellano de Cervantes y cia, aunque el abrevio en las palabras suele ser habitual por comodidad.

Y ahora que hablo de tradiciones, voy a salir de nuevo de extramuros para cumplir con un rito ancestral, como cualquier amo de casa tras haber ejercido el casi ayuno forzado de la escasa comida del mediodía.

Apenas unos minutos después de las dos (las catorce de la era contemporánea de hoy y las no sé cuantas horas en Canarias), siempre solares a no ser que esté nublo, y dadas las circunstancias del momento, me dispuse a arreglar la digestión de la comida con unas efervescentes papeletas de gaseosa, para posteriormente aliviar el cuerpo yéndome a la Cruz de la Tinaja a tirar los pantalones.

Ya al cruce del Collao, me tropecé con el tío Casimiro que volvía con cara de satisfacción, apretándose la correa del pantalón a la cintura y recomponiéndose la camisa sobre su chaqueta de pana. A no muchos metros, amagado entre las aliagas, vide a otro que no pude reconocer por su postura de escondicucas, pero que aparentaba ser cuarentón y muy bien aferrado a su sillón.

Visto y olido lo presente, me alejé de la zona maloliente por aquello de la corrupción y putrefacción, y busqué unos metros más allá entre el aliagar un claro donde poder cagar tranquilamente. Aquí y ahora, me acuclillé sobre las rodillas y a meditar.

Si digo la verdad, los pantalones no los tiré, pues no era cuestión de volver en paños mayores al pueblo, pero sí que es cierto que entre las aliagas y los guijarros se encargaron de evitar una buena higiene anal y a saber si los morritales de los calzoncillos se quejaban al andar.

Dado el caso, que por estas horas se suele perder el tiempo en siestas innecesarias y en no hacer nada de provecho, me dispuse a hacer lo mismo dándome un ligero paseo por el camino que tenía al lado, que no era otro que el de Piqueras, y de paso la digestión disfrutaría de las horas necesarias para dejar el cuerpo en condiciones óptimas para seguir ocupando el día.

¿Y por qué te cuento esto?

Pues no sé.

Supongo que es algo normal en la vida de este pueblo. Bueno, en realidad, en los tiempos que vivimos, todas las viviendas tienen sus cuartos de baño con sus lavabos, wáteres y sus bidés con sus correspondientes chorritos.

Claro, que ahora te he creado una pequeña adivinanza. ¿Qué años rondaban cuando los hombres iban a tirar los pantalones a las aliaguillas? ¿Y en qué fechas se instaló el agua corriente en el núcleo urbano del pueblo?

Piensa, medita, recapacita…

Por aquellos entonces, las mujeres, mozas, zagalas y demás tenían que recurrir a las cuadras, casillaso incluso zahúrdas para hacer sus necesidades varias con un poco de intimidad.

Por acabar con el tema, no hace falta que respondas a la cuestión, pero sí que recapacites un poquito para que veas lo que era el devenir diario de las gentes de este pueblo.

Y sigo…

Apenas seguí un kilómetro andando, en cuanto llegué a la primera paidera, me paré a mirar el montón de ciemo que habían sacado y que todavía seguía humeando en medio de la loma. Decidí aposentarme sobre la pared del corral y descansar un rato sobre el majadal. Como la necesidad ya estaba cumplida, me dediqué a sestear.

No tuve tiempo de cerrar los ojos: las moscas y las hormigas no cesaron de incordiar y me tuve que levantar pitando.

¡Así que arriba y a perder el rato!

Tras deshacerme de semejantes acompañantes, me repuse en condiciones de seguir adelante.

Me entretuve mirando el estado ruinoso que presentaba la paidera ante mis ojos. Tras una vuelta alrededor para matar la curiosidad y verla con más detalle, me adentré en su interior entre los postes y palos carcomidos para llegar al fondo. Un pilar de piedra de grandes dimensiones sostenía la viga principal y evitaba que todo el tejado se fuera a tierra. En su pared trasera, una diminuta ventanilla servía de respiradero, de catalejo para vigilar y de candil de luz natural.

Cuando ya iba a abandonar el lugar, vete aquí como el que no lo quiere, me di cuenta de una pequeña hornacina que guardaba varias herraduras de distintos tamaños y en aparente buen uso.

Tal vez del tío Germán. Yo siempre había oído que dicha paidera era del tío Germán, o por lo menos la gestionaba su familia. Y hasta puede que las tuviera guardadas para cuando tuviera la necesidad de ir a herrar a Piqueras.

Recuerdo de chaval que tenía un borriquillo y que más de una vez nos montábamos cuando íbamos a dar de beber al Cañuelo. Seguramente se murió el burro y se quedó la herradura esperando.

Puestos a encontrar sin buscar, por allí había además una lavija de un arado y una travilla. Menos es nada, un gran premio para mí, que voy recogiendo todo lo que se pone a la vista.

Por momentos, comenzaba a entender que las cosas en ruinas no son tal, sino verdaderos libros de historia. Las piedras son como letras sueltas que, para poder leerlas, hay que juntarlas. Hay muchas que hablan por sí solas, e incluso a veces a voces.

Levanté la vista para otear el horizonte y me di cuenta de que a unos quinientos metros de donde estaba aparecía la silueta de una nueva paidera y aparentemente con síntomas de buena salud. Tras alargar la vista desde la loma, aparecieron media docena más por la solana de Caimorro, la loma del Cofrade y las Solanillas.

Una, y otra, y otra…

No podía ser.

Aquí hay que mirar qué pasa.

¿Será una visión?

Aparecían por todas partes.

Me subí al punto más alto que encontré para mejor divisar el entorno, y en unos segundos recorrí mentalmente el término de Adobes. No daba crédito a lo que estaba viendo, pues por todos lados me aparecían paideras y más paideras.

Realmente era una cuestión de analizar el porqué de tal cantidad y, lo que era más importante, el descubrir qué había pasado en el pasado, pues en la actualidad se hallaban en estado ruinoso y la mayoría apenas conservaban los corrales, con sus techumbres destruidas. El abandono colectivo debía tener una explicación lógica y no al azar.

El estado ruinoso que presentaba la que yo estaba en estos momentos, para lo único que servía era para hacerla servir exclusivamente como cagalero de emergencia. Todo ello me llevó a despertar una curiosidad inusitada, fuera de toda duda y con muchísimas dudas por resolver de cómo los habitantes del pueblo las habían dejado abandonadas. Mi compromiso desde este mismo momento fue ponerme a recorrer una por una en busca de encontrar la historia de los siglos pasados.

Estaba repitiendo sin cesar la palabra "paidera" y no me daba cuenta de que en realidad debía decir "paridera", lugar donde se llevan las ovejas a parir. La gente por estos lares suele comerse alguna que otra letra cuando les interesa, bien por facilidad de pronunciación o por la tradición popular de abreviar el castellano cervantino.

—Hago una paradiña y luego sigo.

Ahora que recuerdo, me suena de llegar a mis oídos que, en caso de que cuando se salía al campo a laborar la tierra, el pastoreo o trabajos de monte, si no llevabas el ato, estabas destinado a comerte las piedras para no morirte de hambre. Y no será el caso, que al decir anteriormente que las piedras eran como letras, pues por esta excusa se las iban comiendo.

Literalmente, el vocablo "paidera", aún mutilado, hace referencia bien a las claras a que era el lugar donde paría el ganado, y si tenemos en cuenta que en este pueblo desde la antigüedad la mayoría vivía del ganado ovino, razón demás para dar por hecho que una paidera o paridera es el lugar donde paren las ovejas, y en su defecto donde se cierran y descansan en las horas en que no salen a pastar.

El que yo descarte su uso por parte del ganado caprino y vacuno es porque, tanto por su tamaño de altura como de espacio, no correspondía con la realidad, ya que no era viable el movimiento para desenvolverse con dichas cornamentas. Los laterales de las paideras muchas veces apoyaban en el mismo suelo y apenas tenían paredes que dejaban una holgura de un escaso metro de altura.

Además, las cabras eran un complemento de las ovejas y normalmente se encerraban en las mismas cuadras o casillas de las casas para facilitar el ordeño diario de su leche para la dieta del desayuno matutino. De todos es sabido —y hablo en nombre de la gente mayor— que cada día se recogían al toque del cuerno del cabrero de turno, para posteriormente llevarlas a la dehesa o las lomas a pastar, y a la espera de que al regreso volvieran con las ubres bien repletas de leche.

Cuando digo "al toque del cuerno", no es exacto. Como otras muchas veces, la tradición popular nos recuerda lo que antiguamente se hacía, que era llamar a la gente a toque de corneta —que tampoco es exacto—, pues eso era en la etapa de la mili y en los anales de la historia cuando, en épocas romanas, tocaban a arrebato antes de entrar en combate.

Para no andar con más rodeos y sin que tengan que ver nada los vikingos —o sí—, desde los ancestros se llamaba a las gentes con toque de cuerno, ya fuera de asta de chivo, cabra, toro, vaca o cualquier otra especie cornúpeta. Y puede que desde época celta se usara como reclamo para otras muchas actividades. Según cuentan las leyendas, los celtiños, celtíberos, iberos, pelendones, lusones y demás pueblos de la antigüedad llevaban casi siempre cascos con cuernos como muestra de superioridad.

Dicho lo cual —u omitiendo todo lo anterior—, en la época que yo conocí, el cuerno se tocaba con una concha marina. Parece ser que el cuerno estaba demasiado visto y anticuado, y estando en el centro de la península, donde el mar era una irrealidad para la mayoría de la gente, al llegar al pueblo una concha marina de tal dimensión, no se tardó en darle preferencia al orden de usarla como toque de reclamo para la recogida de la dula de cabras de todo el vecindario.

Era más o menos del tamaño de un botijo y nada fácil de hacerla sonar. Siempre estaba en poder del cabrero de turno, y desde que desapareció dicha actividad, no he podido seguir la pista de su ubicación. Habrá que investigar para intentar localizarla.

Siguiendo con el tema que nos interesa -o al menos que me ocupa-, observando los pocos atajosde ovejas que todavía aún sobreviven por la comarca, es posible ver unas cuantas cabras mezcladas en el ganado ovino.

Antiguamente -o por lo menos anteriormente- te hablo del siglo XIX y mediados del XX, los rebaños de ovejas eran el compendio de varios vecinos para poder gestionar las labores de pastoreo y agrícola. Hoy en día han cambiado las formas de explotación debido a la sociedad de consumo.

Como norma general y en cuanto a nuestro término se refiere, podríamos definir una paidera como una obra rústica, hecha de piedra extraída del mismo lugar de construcción o sus alrededores, sin argamasa de unión en sus paredes y aprovechando sus piedras más grandes para las esquinas y las puertas.

En cuanto a sus cubiertas o tejados, se configuran un entramado de vigas y de postes o pilares de madera donde se sujetan las vigas maestras y sobre ello la techumbre, ya sea de rama vegetal o de teja árabe.

En la totalidad de ellas se cumple una regla básica sin excepción: siempre hay un corral como antesala del cobertizo, y todas ellas están enfocadas a la solana y resguardadas del aire.

Como las visitas las realizaré al azar y cuando el tiempo lo permita —que más bien será escaso y corto—, me gustaría hacer desde el principio una separación clara entre lo que son paideras de barda y de teja. Más adelante veremos en qué consiste cada una y cuál es su diferencia.

Estando en el campo o el monte y partiendo de la rusticidad que dan los paseos al aire libre, mis mediciones de campo serán tan elementales como mi caminar, así que lo haré de la manera más natural y menos inequívoca que es contar por pasos, como se había hecho toda la vida.

—Es bien sencillo: un paso, igual a un metro y le quito una suela.

—¿Que no te has enterado?

—Repito: un paso, igual a un metro y le quito un pie.

—Piensa, medita, recapacita.

Y sigo…

Las primeras -y me estoy refiriendo a las parideras de barda- pertenecen a un grupo antiquísimo, de varios siglos de historia, y por el contrario las segundas o de teja son de más reciente construcción o reformadas de las anteriores, aprovechando sus asientos e incorporando nuevos elementos y nuevas técnicas de construcción.

En las primeras, las más antiguas, y a las que yo llamo "de barda", es porque su forma y su silueta se asemeja a una albarda.

—Y te explico: la albarda es un apero de montura que se ponía en el lomo de las caballerías para acoplar sobre él otros aparejos específicos para cada uso y a la vez proteger al propio animal de las rozaduras en la piel. Su forma es triangular y achatada en su vértice superior, lo que hace que nos dé una imagen de una paidera vista desde lejos.

Los lugares de ubicación en los que podremos encontrarlas son habitualmente laderas con inclinaciones suaves o sobre oteros o morras con mucha visibilidad. Siempre están orientadas al solano y colocadas de tal manera que puedan salvar los impetuosos aires que soplan por estos lares, sobre todo en la época invernal, con frecuentes nevadas acompañadas de fuertes ventiscas.

Como es lógico y natural, siempre se construían al alcance de abrevaderos de agua, charcas, arroyos o pozos. Antiguamente se acondicionaban con canales de madera para facilitar el servicio al ganado. Hoy en día todavía se pueden observar los restos de dichas canales en los parajes del Ojillo, la fuente de Don Pascual o en el pozo de Valdecatalina.

El plano o fábrica de las paideras, como forma habitual, es de forma irregular, como puede observarse en los muchos restos que aún perduran diseminados por todo el término del pueblo. Con el paso del tiempo, van cambiando y evolucionando en función de las necesidades y costumbres del lugar.

En un principio son semicirculares y ovaladas, sin apenas corrales, y donde convivían tanto animales como personas para poder defenderse y protegerse de las alimañas. Son especies de cabañas o chozas que se construyen apoyando varios palos en forma de pirámide y con una cubierta a base de ramas de los arbustos de la propia zona. Con el paso del tiempo, van cambiando a formas cuadradas y rectangulares, lo que facilita el anexo de corrales. Cada vez se va usando más la piedra y van ganando en altura con cubiertas de teja árabe.

Su estructura se basa, en general, en dos elementos naturales y abundantes en el entorno, como son la piedra y la madera, abundantes por doquier en toda la zona, como son los pinos, las carrascas, los rebollos, las sabinas y todo tipo de arbustos como el enebro, los bujes, aliagas, guillomas, etc.

Con las piedras se construyen el corral y todas las paredes de protección de la paidera, aprovechando las losas más grandes para las esquinas, las arcadas de las puertas y zonas de sujeción de las zonas aéreas. Al principio, las paredes eran simplemente cimientos donde se apoyaban los tirantes del tejado de barda, para posteriormente ir subiendo en altura y espesor de hasta medio metro. He podido comprobar que en las paredes más gruesas hacían dos caras bien armadas y con relleno de piedra menuda en el centro, siempre sin argamasa y confección en seco.

La cantera principal de suministro de piedras se encontraba en el mismo lugar de la obra o sus proximidades, ya que la mayoría de ellas están construidas sobre bases rocosas, y al hacer la caja de la obra, aprovechaban para extraer y sacar las losas que más adelante usarían en la construcción. La formación habitual de lastras por esta zona facilitaba en muchos casos no solo la extracción, sino la posterior colocación.

He observado en mis muchas correrías por las paideras de la comarca que en las entradas de los corrales ponían monolitos de mayor tamaño para fortalecer las embestidas del ganado tanto a la entrada como a las estampidas de salida.

Y sigo…

Esto parece que no se acaba.

La madera que se usaba en general para formar la barda o techumbre de la cubierta y para la composición de todo el entramado de pilares y traviesas era de la que proporcionaba el propio monte, sobre todo de pino, rebollo, carrasca y el resto de los arbustos como los enebros y las aliagas.

En las puertas y ventanas se usaba la madera de pino, mientras que la de carrasca se ponía en los umbrales de las puertas o para los pilares principales donde debían reposar el mayor peso de la techumbre. La barda se sostenía sobre tirantes de rebollo, dejando los chaparros, estepas, bujes, enebros y aliagas para la formación de la techumbre por su impermeabilidad y transpiración del interior.

La barda antigua y tradicional de esta zona se empezaba a hacer una vez acabadas las paredes del contorno, colocando los pilares centrales de tres o cuatro unidades, donde se apoyaba la viga central. Posteriormente se ponían los tirantes laterales con su inclinación adecuada y la distancia suficiente para poder ir entrecruzando las ramas más largas de los arbustos seleccionados, para finalmente ir añadiendo capas más espesas y tupidas para preservar del frío y de la nieve.

Una vez acabada la obra y tras un periodo de tiempo para el asentamiento de los materiales usados, se reforzará con pilares adicionales en su interior y se le añadirá una nueva capa de aliagas. El espesor de la barda ronda los veinte centímetros, aunque con el paso del tiempo tiende a pretarse y perder su eficiencia, por lo que estaban obligados a levantar la barda y volver a rehacerla de nuevo.

La función principal de la barda, aparte de proteger de la lluvia, nieve y frío, es hacer de aislante térmico, evacuando en el verano el excesivo calor y protegiendo del frío en el invierno.

El color pardusco que produce su conjunto hace que sea un camuflaje perfecto en medio del entorno donde se ubica, a la vez que sintoniza con el medio natural. Un sistema más de defensa.

Tengamos en cuenta que es una derivación de las antiguas cabañas y castros de la comarca. De hecho, ninguna paidera de barda tiene otro acceso que no sea la puerta y siempre bien vigilada. Incluso en las más rústicas reforzaban sus paredes con sobrecargas de piedras y tierra.

Actualmente solo queda una en el término de Adobes, está en el paraje del Ojo y, seguramente cuando termine de escribir estas líneas, ya se habrá derrumbado.

El siguiente grupo que nos ocupa estaría formado por edificaciones más recientes, bien de aquellas reformadas o de aquellas que se han rehecho en el mismo lugar, aprovechando su emplazamiento y los materiales, añadiéndoles las nuevas innovaciones.

En estas nuevas construcciones se introducen nuevos elementos de construcción como la teja árabe, la cal y la arena, aunque sigue predominando la realización en seco. Con todos estos avances e ingredientes se consigue que las paideras sean más funcionales y cómodas, no solo para el ganado, sino para los pastores.

Con el paso del tiempo se establecen nuevas normas de proporcionalidad en la distribución del espacio, con formas geométricas más regulares, como el rectángulo o el cuadrado, que poco a poco se incorporan a los corrales anexos, que jugarán vital importancia tanto en el sesteo en el tiempo bueno como espacio para manipular el ganado.

Se va ganando en altura en las paredes que forman el conjunto de la obra, aprovechando, cuando es necesario, la consistencia de la argamasa con la mezcla de cal y arena, y a su vez se van abriendo pequeñas ventanas para la ventilación del local y la apertura de la luz diurna, sobre todo en la parte frontal y trasera, dejando para los laterales unas saeteras por donde respire el aire, pero que a su vez impiden el acceso de animales de rapiña, especialmente de zorras y lobos.

La innovación más grande de todas se produce en la techumbre o tejado, de ahí que les dé la denominación de *paideras de teja*. Con la incorporación de la teja árabe se dan dos hechos significativos: por un lado, crece el peso de la cubierta, con lo que habrá que reforzar y añadir nuevos pilares; y por otro lado, el sistema de evacuación del agua y de la nieve se realiza con rapidez.

Como consecuencia de los nuevos tejados, se reduce la función termodinámica de las paideras de barda, teniendo que ampliar el espacio interior, sobre todo en altura, para poder transpirar adecuadamente el ganado. De nuevo se tienen que ampliar el número de pilares para poder soportar el peso del tejado mediante vigas maestras en la cumbrera. En un principio será una fila en medio, pero con el paso del tiempo, o bien por el deterioro, se añadirán dos más paralelas a la principal, con vigas supletorias donde apoyarán las traviesas laterales.

De la viga principal de la cumbrera, llamada según los casos *sopanda* o *marrana*, se tiraban las traviesas inclinadas laterales más livianas, especialmente de pino o rebollo, que terminaban directamente en la pared o una especie de zuncho de madera adosado previamente a esta cuando se construye. En cualquier caso, toda la madera usada va creciendo en longitud y empieza a usarse la carrasca y la sabina.

Por esta época, las traviesas empiezan a llamarse *timones* por su parecido a los timones de los arados y porque sus medidas suelen ser estándar, debido a la perfección de las obras y la manejabilidad de uso. Una vez construida toda la parrilla de la techumbre, se vuelve a incorporar un nuevo elemento que facilitará la colocación de las tejas: se trata de las llamadas *costeras*. Este nuevo elemento no es otro que el desecho que se produce al devastar los pinos en las serrerías de la zona y cuyas tablas se colocan mediante clavos o puntas sobre los timones.

Una vez parapetada toda la cubierta, se añade una capa de matorral fino o *pajuzo* recuperado de las tareas de recolección, con la función de proteger del frío y otras inclemencias del tiempo y, a su vez, ayudar a asentar con más facilidad las nuevas tejas árabes de barro para formar adecuadamente los ríos que evacuan el agua.

En el término de Adobes existía una tejera en la fuente del Espinar, hoy ya desaparecida, aunque quedan restos aún visibles.

He tenido la ocasión de comprobar que, en la mayoría de paideras de nueva construcción, se han tenido que suplementar la red principal de pilares con filas laterales adicionales debido al excesivo peso que tenían que soportar del tejado e, incluso, en algunas de ellas han construido paredes medianeras donde apoyar la viga central o nuevas sopandas.

Otra de las peculiaridades de esta época es la normalización de la fábrica de puertas y cerrojos. Se amplía el ancho en general y se usan como cierres candados fuertes y grandes, verdaderas obras de arte.

Con la ganancia de espacio interior, se habitúan nuevas dependencias como *atrojes* para el acopio de paja y pienso y catruchiles para el ganado débil, viejo, enfermo o recién parido, e incluso algún apartijo donde pueda descansar el pastor en caso de necesidad.

La pared medianera interior, con su portezuela incluida, servirá para poder separar el ganado según parecer del pastor, ubicando dentro de la misma paidera canales y zarzos para su alimentación mediante el suministro de forraje o grano supletorio.

En más de una ocasión he encontrado restos de lumbres y de cenizas en la parte que da a la puerta de la entrada, lo que evidencia que el uso interior era compartido con los mismos animales. Si digo verdad, en la mayoría de los casos las lumbres las hacían en los corrales para evitar el peligro de incendios.

Normalmente, la ubicación de las paideras suele estar agrupada en las zonas autorizadas y más propicias para el ganado, lo que propiciaba que en muchas ocasiones los pastores se juntaran para comer, pasar el rato o incluso pastorear juntos.

En cuantas ocasiones habrán asado patatas en el campo tras haberlas sacado de una forma indebida o habrán desplumado o despelletado a graja, paloma, conejo o liebre.

Es un decir. Ahí queda dicho.

Y siguiendo con las paideras…

La iluminación interior estaba escasamente garantizada durante las horas diurnas a través de diminutas aberturas de que disponían, cosa que solucionaban durante la noche por medio de antorchas de teas de pino o con candiles de mecha, bien de aceite o de petróleo.

Igualmente a las anteriores, su localización será en lugares privilegiados, siempre en solano y con salidas fáciles al monte. Muchas de ellas se ubican en lo que se llama monte público, debido a las concesiones que en su tiempo se hicieron por parte del Ayuntamiento o del Estado.

Las razones lógicas de tal número de paideras no podrían entenderse si no fuera porque nos remontamos siglos atrás, cuando la ganadería era prácticamente el sustento de las familias. El punto inicial de esta actividad ganadera viene de antaño, cuando en tiempos pretéritos nuestros antepasados se establecieron por la serranía en busca de tierras para habitar y sobrevivir.

Si en la prehistoria lograron domesticar a los animales y hacer asentamientos fijos en forma de castros, cabañas, abrigos o villares, es por el siglo XII cuando, una vez expulsados los moriscos de esta zona, se produce la repoblación en todo el Señorío de Molina de manos de Don Manrique de Lara. Él se encarga de hacer las concesiones a sus allegados y con ellos sus servidores o siervos.

Es curioso cómo vienen a parar a nuestras tierras gentes del Reino de Navarra, y con ellos su tradición ganadera, debido a la conexión que existe entre las familias de los Señores de Molina y el Reino de Navarra.

El hecho de que se dieran circunstancias favorables en cuanto a las prerrogativas e impuestos hizo que se establecieran grupos de personas en nuestros pueblos, en aquellos tiempos deshabitados a causa de las distintas guerras en que estaba metida la sociedad de clases de la Edad Media.

Al principio, bajo la tutela de un señor todopoderoso que dependía a su vez de otro señor, y este del Señor de Molina. Posteriormente, y con el paso de los siglos, las sociedades se van modernizando y liberando hasta terminar formando las familias actuales.

El núcleo de los actuales pueblos se forma en torno a una o varias casas pairales y a su iglesia. A raíz de estas, se estabilizan una serie de familias con sus tierras correspondientes para cultivar. Se desarrolla una galopante actividad de natalidad como consecuencia de las necesidades de mano de obra para la agricultura y la ganadería, lo que deriva en familias numerosas de más de media docena de hijos.

La tierra de labor cada vez queda más escasa a la hora de repartir entre tantos herederos y, además, la productividad en estos pagos tampoco es la más rentable por su climatología. Si a esto añadimos que el monte de pinar y de carrascas acecha las mismas márgenes del pueblo, entenderemos que no quede otra salida que invadir el monte público y sacarle su beneficio. De siempre había sido tierra de ganado, pero en estas circunstancias, con mucho más motivo.

La agricultura garantizaba una mísera vida en familias medias y el hambre en las de mayor progenitud. La ganadería, por el contrario, animaba a la supervivencia, y quizás por eso se consideraba al ganadero como una familia más pudiente.

Un buen atajo de ovejas garantizaba el acopio de carne para la minuta de la casa en caso de necesidad, ya fuera de animales viejos, flacos o moribundos, y de una cantidad adicional de dinero por medio de la venta de corderos, lana y pieles.

Por aquellos tiempos funcionaban por las orillas del río Gallo infinidad de factorías dedicadas al curtido de las pieles y al lavado y manufacturado de la lana, tan necesarias como imprescindibles para el uso diario en el vestir.

La imagen del pellejero era habitual y necesaria en cualquier pueblo de la comarca durante todo el año, dada la cantidad de reses que morían o se mataban, al igual que el lanero que aparecía en el tiempo del esquileo por los meses de junio y julio para comprar los vellones y llevarlos a los batanes. Una parte más pequeña se quedaba en casa para la fabricación de piales, guantes, colchones y jerseys.

Y volviendo al tema que nos ocupa…

Puestos en el pellejo de nuestros abuelos, bisabuelos y tatarabuelos, nos encontramos con un corredor de piazos de labranza alrededor del pueblo en el que el único resquicio que queda para dar de comer a las ovejas son los cuatro ribazones que se dejan para sujetar las tierras. Y todavía se agrava más la situación si comprobamos que la mayoría de las casas cuentan con cuadras tan raquíticas que apenas pueden dar cabida a un par de mulos, unas gallinas y unas cabras. Hasta los cerdos tienen que sacarse fuera de las viviendas y se destinan a las zahúrdas anexas.

Con el tiempo, los pastos terminaron por salir a subasta con el correspondiente gravamen por parte del Ayuntamiento y del Estado, a excepción de los que se derivaban de las tierras de cultivo particulares. A partir de aquí, los ganados se ven obligados a salir a pastar fuera de las tierras de cultivo e irse fuera del núcleo urbano mediante los llamados "pasos de ganado" que conducían directamente al monte. Con todo esto, empezaron a propagarse infinidad de paideras en las inmediaciones de la orilla del pinar y lomas adyacentes.

A la vez, se creó la Hermandad de Ganaderos que se encargaba de solicitar y garantizar los pastos entre los vecinos del pueblo, mediante cuotas proporcionales entre sus miembros y, a su vez, regulaba los posibles altercados derivados de dicha actividad. Asimismo, cada año se encargaba de promover el carnicero de turno en la época de recolección para poder abastecer a los vecinos de la necesaria carne de oveja.

Las paideras, como hemos visto, nacen por una necesidad imperiosa de supervivencia, que se verá favorecida por la concesión de terrenos por parte de los organismos antes citados, para construirlas dentro del monte público y conservar su tutoría mientras se realice el pastoreo. Con el tiempo, han pasado a considerarse propiedad y se han heredado de padres a hijos. Por desgracia, la gran mayoría han pasado a mejor vida y actualmente solamente se pueden observar sus corrales derruidos.

Un apartado singular es el referido a los apriscos que se destinaban a resguardar el ganado en caso de inclemencias del tiempo, tanto de frío y nieve como de calor sofocante. Estaban ubicados en lugares naturales donde las riscas o cuevas servían de refugio y que las adecuaban con corrales de paredes de piedra para protegerse.

Como ejemplos, en el término de Adobes te podría nombrar la Cueva de Cirijuelos, el Reposero, Peña Grada, el Covachón y el Royo Molino.

En el tiempo del verano también se usaban los sesteros, que aprovechaban la sombra de carrascas, rebollos o sabinas para dejar los ganados asestados hasta la hora de salida de la tarde.

Al tío Germán

Ésta donde la siesta me eché la dicen del tío Germán
Está en el camino de Piqueras en medio del majadal
Pero ahora que murió dudo de quién será
Seguro que está en el cielo a kilómetros de acá
Seguro que no lo saben qué firma como Germán
En la puerta está grabado en letra de molde y a metal.

Con lo que me ha costado parir estas cuantas páginas… Y yo que pensaba haber aprendido tanto sobre las paideras, y resulta que soy un tontifacio y un analfabeto cuando me pongo a disertar del tema en los corrillos de pastores. Me dejaron roto al primer intento de hacer valer mis listuras. Y todo por meterme donde no me llaman, y por querer sacarles alguna duda que tenía en el tema que llevaba entre manos.

Tú que dices que sabes tanto…

—¡Anda, listo! ¿Tú sabes lo que es una sopanda?

—Pues no. Aunque creo que sí.

Callé por momentos tratando de adivinar una respuesta acertada, pero ni aun así. Ellos seguían *ale que te pego*, metidos en los años cuarenta y cincuenta como si fuera hoy, recordando sus correrías por los distintos parajes de andanzas de su juventud.

Al rato me hicieron presente de nuevo y me explicaron que la sopanda era una segunda viga que se ponía debajo de la original para reforzarla y con ello evitar que se hundiera el tejado.

—Y tanto que lo sabía.

—Ya, ya, qué casualidad.

—Eso lo tengo más que visto. Con la cantidad de paideras que he visto.

—¿Tú qué sabes?

—Algo sé, más de lo que os imagináis.

—Esto hay que mamarlo desde chico. Nunca sabrás lo que nosotros hemos mamado desde niños.

Ellos seguían liados. Unos sabían más que otros y los otros de unos.

Mientras uno se convertía en el dueño de las Lomas, la Pedriza y parte de la Loma Hondonera, el otro presumía de conocer como nadie las Solanillas, el Tallar, el Contairo y las Hoces. Y todos conocían todo, desde el Pinillo hasta Cabezaesteparejo.

Yo callaba y aprovechaba, sin que se dieran cuenta, para ir tomando nota de aquellas cosas que desconocía y que luego pudiera defender ante los sabios del lugar.

Recordar… algo recuerdo en aquellos días en que la primavera está de paso por nuestros montes, de aquellos pastores que regresaban con el morral vacío tras haber asestao sus ovejas bajo el tórrido sol de mediodía en las sombras de los pinos o del carrascal, y de aquellos otros que se alcanzaban por el camino a media tarde en dirección a las paideras, con las alforjas repletas de piedras de sal para repartir en las **alegas** y provocar la sed del ganado, y de unos chuscos de pan para engañar a la oveja mansa y arrastrar al resto del ganado.

Horarios interminables con apenas unos resquicios para dormir un rato la siesta y volver de nuevo al trabajo. Noches enteras al raso con la sola compañía de la luna y las estrellas y el campañineo de otros atajos que rondaban cercanos. Lomas enteras por andar y dehesas enteras por pastorear en busca de unos pastos que hicieran merecer a las ovejas.

Largas horas donde los pastores aprovechaban para confeccionar sus artísticas garrotas y badajos para los cencerros, soñar con la mujer imposible de su nombre, pensar en un futuro inútil o dejar una impronta en la puerta de la paidera grabada a navaja.

Estas largas horas, donde las ovejas cogían el careo adecuado, era el momento que el pastor aprovechaba para grabar su nombre en la puerta de su paidera, que si bien ha pasado desapercibido a nivel popular, no por eso deja de tener su valor en la historia de este pueblo.

Son una serie de improntas y de grafismos que fueron dejando a punta de navaja en las respectivas puertas de las paideras por donde pasaban, como señal de haber sido y de haber estado en dicho lugar.

Lamentablemente, ha desaparecido casi en su totalidad; apenas un botón sirve de muestra para enseñar. Un servidor puede que haya sido el afortunado de poder vivir *in situ* lo poco que quedaba por las paideras hundidas y abandonadas por el término de Adobes.

He notado una cierta rivalidad entre las diversas grafologías, no solo por el hecho repetitivo de su existencia, sino por el esmero que ponían al hacerlas -unas verdaderas obras de arte-. Dejan un regusto de cierta personalidad e incluso de apropiación y usurpación indebida del terreno, invadiendo el terreno en paideras que no eran de su ascendencia familiar o de su pastoreo habitual.

La exclusividad se las llevan las puertas, pero han aparecido en sitios como las vigas accesibles a la entrada e incluso en las paredes y piedras de los corrales.

Tampoco es que sea raro el dedicarse a estos menesteres de serigrafiar la madera, más teniendo en cuenta que la navaja era el utensilio imprescindible para cualquier pastor, como lo eran las cerillas, la manta, el morral, la garrota o el mismo perro.

La navaja era, aparte de un arma de defensa, un utensilio básico para degollar a los animales propios del rebaño en caso de necesidad, o para preparar la más abundante caza que podía encontrarse, que por aquellos tiempos era abundante y una buena parte de la dieta del pastor.

He encontrado de todo… Por ejemplo:

Aquí a estado fulanito de tal. I L H. Fecha 1962.

Está en la paidera de Caimorro y pertenece a Ismael Lorente Hernández.

(Estaba, ya se hundió y ha desaparecido su puerta).

PLANO GENERAL DEL TÉRMINO MUNICIPAL DE ADOBES SITUACIÓN DE PAIDERAS MÁS IMPORTANTES

CAMINO DE PIQUERAS 1

SITUACIÓN: A la izquierda del camino en dirección a Piqueras.

PAIDERA: 8 X 37 — **CORRAL**: 9 X 12

Su techumbre es de teja árabe. Actualmente en ruinas. Tiene un gran pilar de piedra en el centro y dos de madera. Una viga principal y un zuncho de madera alrededor de la pared.

En sus paredes laterales se conservan seis saeteras o respiraderos a modo de ventanillas, con la medida justa para que no entren las alimañas.

Restos de un corral convertido en majadal y al borde de los **piazos** de labor.

Una hornacina en la pared de la entrada servía para depositar las llaves, el candado y el candil con su correspondiente vinajera de aceite, además de otros objetos personales, incluso algunas teas para dar luz al anochecer.

Su puerta de madera de pino, a falta de una tabla, presenta algunos nombres relacionados con la familia que regentaba dicho lugar.

En ella he hallado otros utensilios de labranza, como un barrón de arado romano, una **bartezuela** y una teja de hierro.

Su salida al monte la hacían por el vallejo que lleva a la Solana Grande para ir a abrevar a la Colmenilla y a la fuente del Espinar.

Es curioso comprobar cómo escribieron la fecha en su puerta, aprovechando las líneas rectas para facilitar el deslizamiento de la navaja y formar pequeños rombos casi perfectos.

El ramo de flores está hecho con una ganzúa o estilete de uso agrícola, una maniobra digna de ingenio y buen gusto.

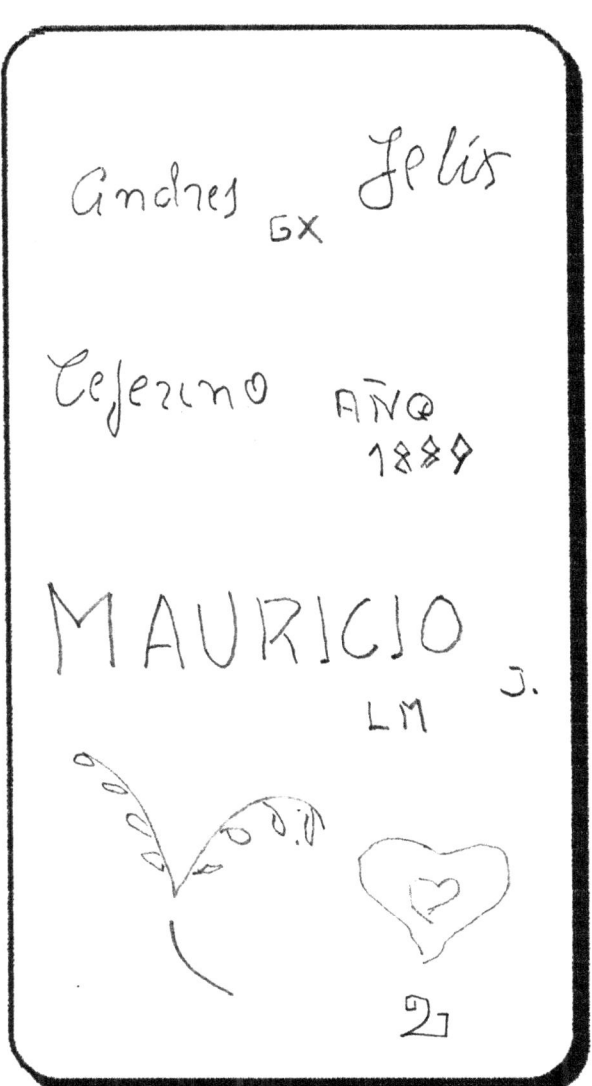

CAMINO DE PIQUERAS 2

SITUACIÓN: A la derecha del camino en dirección a Piqueras.

PAIDERA: 11 X 22 — **CORRAL**: 11 X 9

La entrada está en el mismo camino de Piqueras, justo donde acaban las fincas de labor, con salida directa al rebollar de la Solana Grande y a la dehesa Boyal.

En buen estado de uso y con cubierta de teja árabe. Retocada en sus paredes con revoques de cal y arena. Se usaba hasta hace poco por su proximidad al pueblo y por su buena comunicación.

A escasos trescientos metros de la anterior y, por la repetición de firmas y fechas, parece ser que el uso era de la misma familia o parientes cercanos.

En su interior hay una pared medianera para la separación del ganado. Aún conserva un par de canales de madera y un zarzo.

Tiene tres pares de pilares de madera de pino, lo que evidencia que antiguamente su cubierta era de barda. En la pared interior se conserva la fecha de la última obra de restauración llevada a cabo, donde se usaron materiales más modernos como la cal, la arena y los bloques de hormigón.

La puerta presenta varios nombres y fechas del siglo XX, además de algunas iniciales incompletas.

Tiene una mirilla en el centro de la puerta y una orla de clavos de fragua alrededor, junto con varias filas horizontales para sujetar las tablas que conforman su estructura.

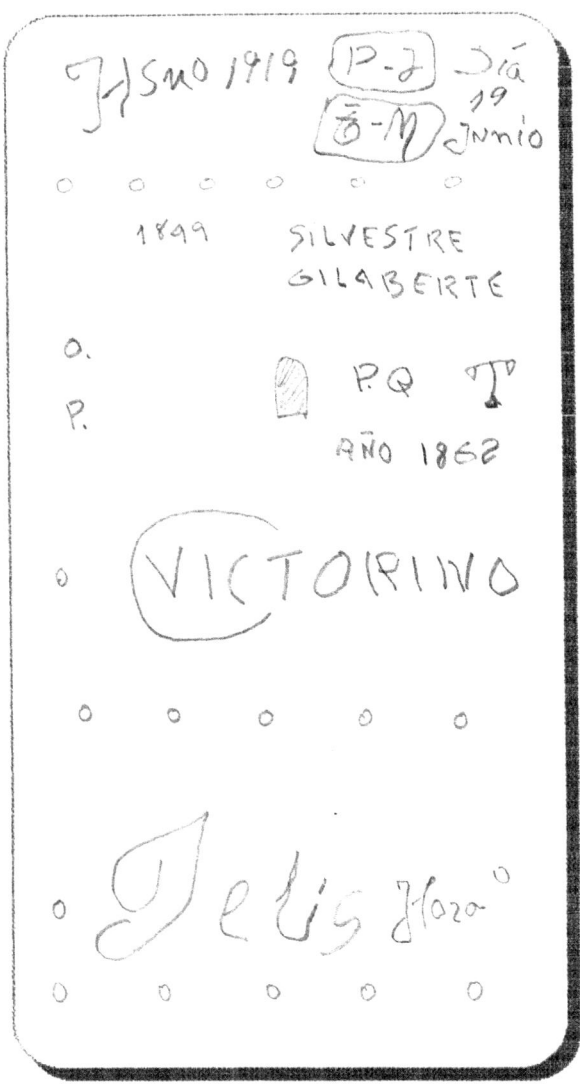

VALDELPOZO VARIAS

SITUACIÓN: En una especie de castillejo junto al camino de Molina, donde sale el desvío que va a la Torrecilla y a Caimorro. Encima de la Olla de la Carrasca.

CORRAL 1

Tiene unos trece metros de diámetro en su perímetro.

En el otero que divisa todo el valle Valdelpozo, con entrada junto al camino. Tiene un acceso bien definido y podría corresponder a un conjunto de antiguo poblado o castillejo.

CORRAL 2

De unos diez metros de diámetro. Tiene restos de una hendidura en el terreno con algunas piedras de delimitación perimetral. Podría tratarse de parte de un castro o cabaña de pastores.

CORRAL 3

De unos tres metros de diámetro. En él se han hallado restos de un posible horno artesano de piedra. Se evidencian cenizas y lumbres en su estancia. Al igual que los anteriores, podrían tratarse de un castro o cabañas habitadas.

Todos ellos están a corta distancia del antiguo pozo de agua que servía de aguadero para la ruta del camino de Molina, junto al cauce del arroyo de Valdelpozo.

LOS ALTOS

SITUACIÓN: Loma de los Altos.

PAIDERA: 15 X 9 — **CORRAL**: 8 X 8

En los márgenes de la Dehesa Somera, con espacio para pastar hasta el mojón de Alustante y Piqueras.

En pleno solano y rodeada de rebollos y chaparras de gran tamaño. Lugar ideal para el descanso del ganado y del pastor, por el escaso terreno a guardar, a salvo cuando se dirigían hacia el norte, donde topaban con las fincas de labor de Cañalespino.

Su construcción presenta rasgos de relativa modernidad, y sus paredes tienen una hechura parecida a una vivienda habitual del pueblo.

Su tejado se levantó no hace mucho tiempo para evitar su hundimiento y aprovechar la teja para reponer en las casas del pueblo.

Cabe destacar una especie de chimenea adosada a su parte posterior, que serviría para cocinar, dada la distancia que la separa de las casas y la pereza para desplazarse cada día.

Desde este lugar, el ganado se veía obligado a desplazarse a beber agua al Ojillo o a la fuente de Valdemartín, en el lado opuesto. Antiguamente existía una lagunilla en la loma, pero solo tenía agua en tiempo favorable de lluvias.

Esta paidera y la de los Majadales se usaban preferentemente en primavera y verano, pues el resto del año podía estar cubierta de nieve.

No he encontrado puerta alguna, pero es evidente que existió, y sospecho que está puesta en alguna casilla o pajar del pueblo.

HOYA PRIMERA

SITUACIÓN: En medio de la loma.

PAIDERA: 12 X 7 — **CORRAL**: 12 X 7

Situada en uno de los mejores miradores del pueblo, en medio de una llana y espaciosa loma con acceso directo al camino de Alustante y a las fincas colindantes. El afán de la modernidad hizo que se destruyese para construir en su lugar una nave prefabricada, más acorde con los tiempos modernos y mucho más funcional.

Rodeada de fincas de labor, lo que coarta la salida cuando están sembradas, teniendo que usar los pasos de ganado de las Decaras o el mismo camino de Alustante.

Lugar soleado todo el día y algo expuesto a los aires que soplan de poniente.

Su cubierta era antiguamente de barda y posteriormente de teja, como demuestran los restos de escombros amontonados cuando se hizo la obra nueva, que por su cantidad debía tener unas paredes más que considerables.

Era una paidera muy usada por su buena comunicación, sobre todo en verano para aprovechar los rastrojos de su alrededor. Se usaba también en faenas del campo a la hora de segar e incluso cuando se cogían las patatas en otoño en algunos de los piazos cercanos.

Sus abrevaderos de salida o entrada podían encontrarse tanto en Valdemartín como en la fuente Don Pascual o el mismo Villarejo.

Todavía son visibles, a escasos metros, las **alegas** donde se repartía la sal al ganado.

LA CUEVA

SITUACIÓN: En la Cueva de los Moros.

PAIDERA: 16 X 7 — **CORRAL**: 10 X 7

Situada a medio camino entre la conocida Cueva de los Moros y el acantilado de las piedras de Peñarrubias, a la izquierda del antiguo camino de Setiles a Alustante.

Su estructura se encuentra hoy en ruinas, pero evidencia que en su tiempo fue una excelente paidera.

Conserva todo su perímetro de paredes con una sencilla y cuidada obra, sobre todo en el corral. Sus paredes son de gran espesor, llegando en su parte de poniente a más de un metro de anchura para evitar el azote de los vientos que subían por la Pedriza y, especialmente, de la ventisca en invierno y de la lluvia en otoño.

Su espacio interior es armonioso y bien distribuido, con dos recintos independientes, cada uno con su puerta correspondiente.

Entre sus restos, es evidente que tuvo una cubierta de barda y luego de teja, con reparaciones hechas de cal y arena. El color gris y negruzco de sus piedras indica que más de una vez se produjeron incendios o lumbres en su interior.

Su localización, al límite justo de la Pedriza, permitía al ganado desplazarse al arroyo del Molino a beber agua sin dificultad y acceder a toda la gran loma que se abre hasta el término de Tordesilos.

Es de destacar el umbral de carrasca de más de dos metros que todavía sobrevive, a pesar del tiempo.

EL OJO 1

SITUACIÓN: Encima del Ojo.

PAIDERA: 18 X 7 — **CORRAL**: No existe.

Es la última paidera de barda que quedaba en el pueblo, entera y derrumbada recientemente. Todavía puede observarse toda su columna vertebral de la techumbre, con todos sus maderos y pilares.

Su obra rústica en sus orígenes se vio alterada posteriormente con revoques de cal y arena y con nuevos pilares. Se adivina a un lado una construcción anterior con su propio corral. Es posible una superposición de una nueva paidera.

Su puerta tiene una mirilla en forma de triángulo y contiene una docena de iniciales, algunas de ellas repetidas en otras paideras.

Hay algunos mensajes escritos en algunas vigas de la entrada y en el umbral y marco de su puerta, como el que reza:

UMBRAL:

Adobes a 19 de mayo de… domingo.

Están las chavalas muy cachondas.

Los quintos del… son unos mierdas.

En esta paidera, un servidor, juntamente con Carmelo y Alberto, tuvimos un encuentro inesperado. Fue en plena noche, sin luna y con tanto miedo que casi nos cagamos en los pantalones.

Sin más comentarios, recurrir a los interesados.

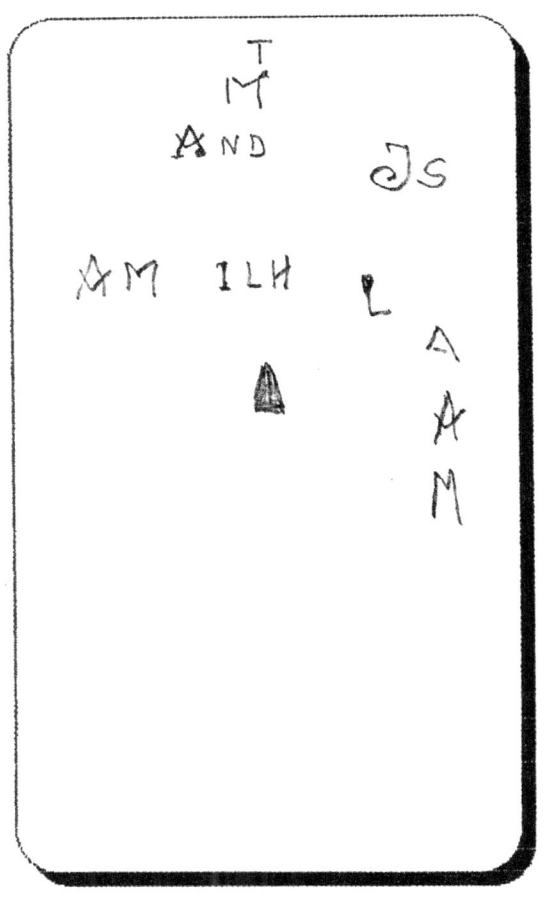

EL OJO 2

SITUACIÓN: Encima del Ojo.

PAIDERA: 9 X 6 — **CORRAL**: 5 X 4

Justo a unos veinte pasos del mismo Ojo, en el vallejo que cae del camino que va de Tordellego a Alustante.

Son ruinas con paredes de proporciones exageradas por su grosor. Es una obra rústica por excelencia, sin elementos adicionales de ningún tipo, con piedra sacada de la misma lastra y con gran arte en su colocación.

Tiene dos entradas y, en su parte posterior, un corral adicional que podría dedicarse a morada o almacén de aprovisionamiento.

EL VILLAREJO
CORRALES VARIOS

A falta de un estudio más detallado y minucioso, hago unas simples referencias de que existen.

Es un lugar de leyenda para mucha gente del pueblo, pues en su entorno debería encontrarse el tesoro que, como en cada pueblo, dejaron enterrado sus antiguos moradores.

Como su propio nombre indica, se trata de un antiguo villar o poblado. Sus cuatro o cinco corrales en ruinas podrían estar relacionados con unos asentamientos fijos donde se ocuparía el tiempo en cuidar el ganado y la siembra del cereal en sus inmediaciones.

El agua a perpetuidad, la tierra más que generosa de sus orillas, la proximidad de pastos y madera más que suficiente daban vida al lugar.

LOS CHARQUILLOS

SITUACIÓN: En el antiguo camino de Setiles.

PAIDERA: 24 X 9 — **CORRAL**: 16 X 9

Sus restos son visibles a unos quinientos metros del cruce del camino del Monte y de Setiles.

Su emplazamiento está en plena solana y guardado del aire por una pequeña depresión del terreno. Su estratégica posición y sus fáciles salidas hacia cualquier sitio le hacían, en su tiempo, ser una de las más usadas.

Su lugar de abrevadero estaría en el arroyo que pasa por debajo y que, como su propio nombre indica, es propenso a formarse charcos o pozas de agua sobre sus lastras en tiempo de lluvias o nieve.

Su perímetro está perfectamente delimitado por unas paredes en ruinas de eminente rusticidad. Su pavimento está formado por la propia excavación de la roca de la que sacaron la piedra.

Algunos restos de material convertido en **ciemo** nos hacen pensar que la composición del tejado estaba hecha de barda de aliagas.

Desde la misma paidera y siguiendo unos metros por el camino, se dibuja una pared que sería una cerrada para el descanso del ganado.

Algunos metros más adelante encontramos restos casi borrados de posibles corrales o cabañas de pastores de mucha antigüedad.

En esta ocasión queda la duda de si fueron de los antiguos carboneros de la zona que, siglos antes, pasaban largas épocas cortando y quemando las carrascas para hacer carbón.

EL MONTE 1

SITUACIÓN: En el puntal de Cabeza la Vega.

PAIDERA: 15 X 7 — **CORRAL**: 17 X 12

Justo a la entrada del monte llano y hacia la cantera de piedra. Antiguamente se llegaba por el camino de Tordellego, accediendo por el vallejo del arroyo de la Hoz.

Es posiblemente la paidera más grande del término de Adobes. Está en ruinas, y su conjunto trapezoidal está formado por dos recintos y un corral de servicio.

La inclinación de la loma donde se halla hizo que se excavaran las lastras para allanar el espacio y, con ello, construir las paredes. Su gran pilar central y sus elevados muros no son equiparables al resto de paideras.

Su parte de poniente se muestra adulterada con rehechos de teja y revoques de cal y arena para sujetar una pared más fina y pequeña, pues se apoya en el socavón que se hizo.

Cabe resaltar la parte más rústica, donde se conservan muros de más de tres metros de altura, que estarían destinados como morada temporal de los pastores o como despensa de provisiones de invierno.

El lugar es privilegiado, tanto por la vista que tiene del pueblo como por la salida del ganado hacia el monte. Con sol a raudales y protegida por las carrascas del aire de poniente.

Junto a la paidera se identifica una cercada de piedra que muy bien podría dedicarse al descanso del ganado e incluso a la siembra de forraje.

No existe puerta, pero en su lugar hay otro motivo que resaltar, que por ahora no merece comentario y me lo guardo para mí.

EL MONTE 2

SITUACIÓN: A la derecha del camino de Tordellego.

PAIDERA: 20 X 9 — **CORRAL**: 12 X 9

Este conjunto puede que fuera el último en construirse en el pueblo, por el tipo de obra y sus materiales escogidos.

Su cubierta es de teja árabe moderna, y sus paredes están revocadas en su interior con la típica mezcla de cal y arena.

Su superficie es muy amplia, y su altura es esencialmente baja por la parte de la umbría. Su parte habitable se encuentra dividida por una pared central donde apoyan los pilares principales.

Tiene un departamento a la izquierda de la entrada, exclusivo para el pastor, donde guardaba sus aperos y un pequeño camastro para, en caso de necesidad, quedarse a dormir.

Su puerta de entrada es de dos hojas -caso exclusivo en todo el término del pueblo-, y su ventana trasera es de gran luminosidad, con una reja de seguridad. Tanto en la puerta como en la ventana se demuestra su modernidad.

Presenta como novedad un pilar de carrasca de donde salen los cuatro tirantes que aguantan las vigas centrales y laterales. Toda una obra de ingeniería.

Se sigue usando en la actualidad por su buena situación, comunicación y capacidad. Todavía se conservan dos canales de madera y un zarzo.

Su puerta presenta varias iniciales. Cabe resaltar la **"A"** inicial del pueblo, con su típico adorno.

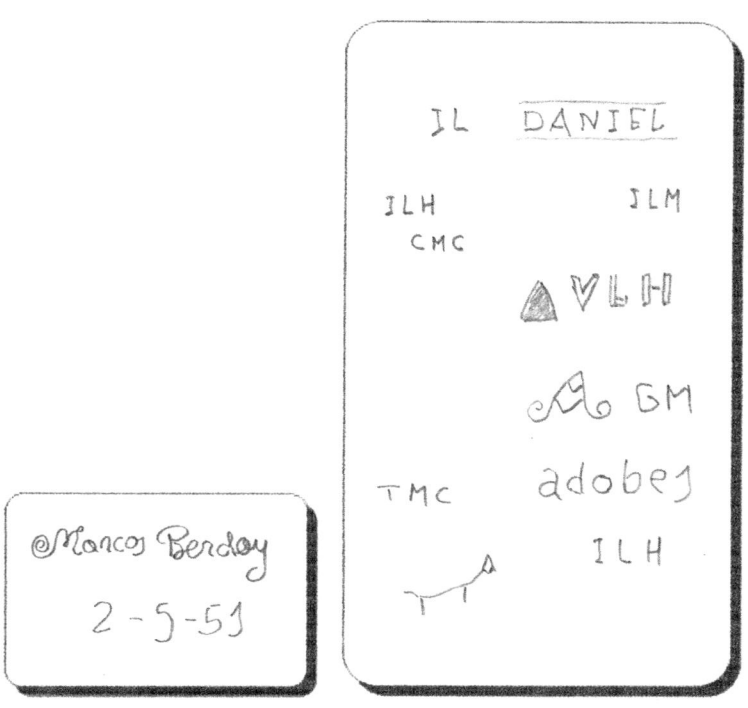

RINCÓN DE LA LEONA

SITUACIÓN: Debajo del puntal de Caimorro.

PAIDERA: 6 X 8 — **CORRAL**: 6 X 10

Se trata de un espacio escondido en un rincón del puntal de Caimorro o la Torrecilla, envuelto de carrascas y hasta algún pino.

Su acceso es único: por el lado del saliente hacia el camino que lleva a la solana o por el vallejo para acceder al agua del arroyo de las Cañadas.

Su estructura se basa en paredes de gran grosor, apoyadas en las mismas lastras que le sirven de refugio y soporte para el tejado. Evidencia un trabajo muy rudimentario, y su ingeniería tuvo que superar una inclinación de treinta grados.

Su suelo es roca viva, y por ella discurren una especie de encaños o desagües para evacuar el agua de lluvia en tiempos de tormentas o nevadas.

Su ubicación no tiene una explicación lógica, salvo que fuera una zona de defensa o se usara como colmenar en otros tiempos.

Lugar viborero por excelencia, dada la cantidad de calor que reciben sus lastras en primavera.

Su emplazamiento no se ve favorecido por los fenómenos atmosféricos, ya que le sopla el aire del Pinillo.

Su techumbre estaba hecha de támaras y enebros, y sus pilares eran de carrasca.

Es un caso atípico entre todas las paideras que he localizado en el término de Adobes.

EL MORRÓN 1

SITUACIÓN: En medio de dicha loma.

PAIDERA: 14 X 7 — **CORRAL**: 14 X 7

Es de las pocas que conserva todo su exterior, ya que se le quitó la teja hace poco tiempo.

La paidera en sí tiene dos partes: una más antigua e irregular, que delata su techumbre de barda, y otra más moderna, añadida con materiales actuales. Conserva un gran pilar central.

Su localización está a la izquierda del camino de Tordesilos y a unos quinientos metros del arroyo Molino, donde sirve de abrevadero para los ganados de la zona.

Sus salidas naturales son hacia Peña Castellana y la loma Hondonera por el saliente, y en dirección a las Lomas. Por el norte y poniente, a las tierras de labor y el Montellano.

Lugar estratégico por sus vistas y control de animales de caza y rapaces. Paso obligado hacia el arroyo Molino para abrevar y para anidar en los picones de su desfiladero.

Por su majadal suelen anidar y revolcarse las perdices, y es uno de los lugares escogidos por los colmeneros para ubicar sus abejas, por su variada flora de tomillos, gedreas y espliegos.

Su puerta tiene una mirilla triangular, y su variedad de nombres la hace una verdadera obra de arte.

Es el mirador perfecto de Molinicos, las Juntas y el Cobachón.

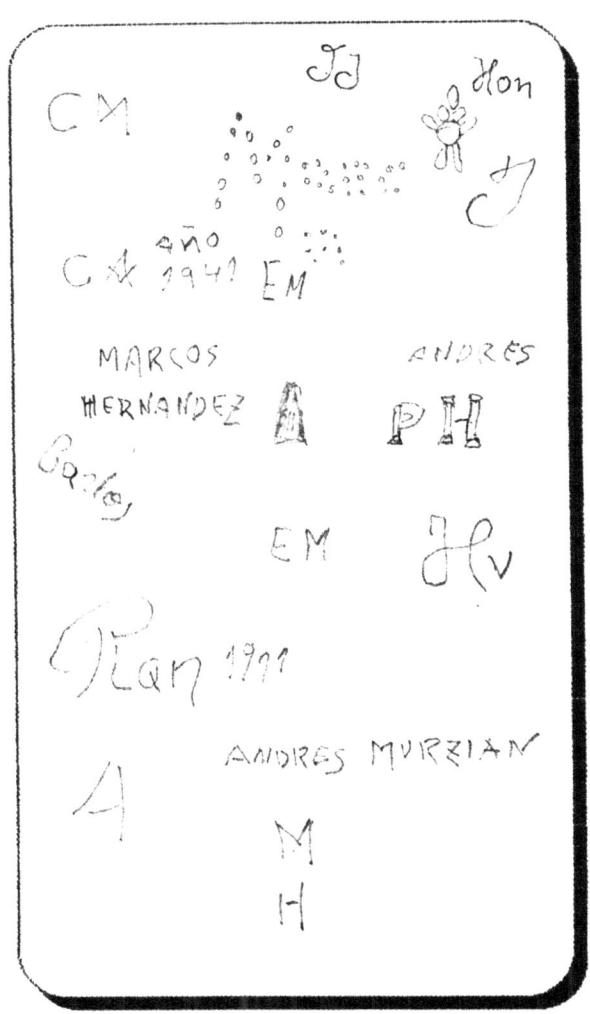

HOYALAROPA 1

SITUACIÓN: Enfrente a la cantera.

PAIDERA: 8 X 12 — **CORRAL**: 8 X 8

Conserva intactas todas sus paredes menos el tejado. Su cubierta se quitó hace años para aprovecharla en reparaciones de las casas del pueblo, como ha ocurrido con otras muchas.

Su acceso más directo se hace desde la morra del collado de la carretera, de donde dista unos doscientos metros.

Lugar muy soleado y resguardado de las inclemencias del tiempo.

Su salida más cómoda hacia el monte es por el rincón de los Esplegares y de la Leona.

HOYALAROPA 2 Y 3

SITUACIÓN: A escasos metros de la anterior.

CORRAL 1

Se trata de un corral de unos seis metros de diámetro, con grandes losas extraídas de las lastras y protegido por unas antiguas carrascas. Su forma y su espacio de entrada delatan una antigua cabaña de ganado.

CORRAL 2

Junto al anterior y de dimensiones más pequeñas -unos tres metros de diámetro-, con una puerta abierta hacia el solano.

Las mismas lastras que se vaciaron para construirlo le sirven de defensa natural.

EL MORRÓN 2

SITUACIÓN: Al lado de la anterior.

PAIDERA: 10 X 7 — **CORRAL**: 8 X 6

En realidad, no se trata de una paidera sola ni de un corral, sino de varios juntos y pegados entre sí.

Tras varias vueltas y después de mirar con detalle todo el contorno y sus restos, he sacado la conclusión de que se trata de una serie de corrales que, con el tiempo, se modificaron según las necesidades.

En principio, deduzco que se construyeron cuatro cabañas antiguas —redondas u ovaladas—, pegadas entre sí para su protección y explotación, y que luego se aprovecharon para hacer una paidera más grande y funcional.

En este caso, las piedras hablan por sí solas: por su tamaño y grosor, las paredes se hicieron como defensa contra alimañas. Una puerta principal daba acceso a todas ellas mediante un corral comunitario, fortificado por una segunda pared que ocupa parte de la loma donde está la paidera actual.

A pocos metros aparecen otros círculos de piedra casi enterrados, que sospecho eran una especie de castro plurifamiliar, dada la ubicación privilegiada y el acceso al agua de Molinicos.

A escasos metros hay varias alegas donde repartían la sal al ganado para abrirle la sed.

LAS LOMAS 1

SITUACIÓN: Cerca del camino de Tordesilos.

PAIDERA: 20 X 8 — **CORRAL**: 18 X 8

Situada en plena loma, en un lugar privilegiado para el pastoreo de ganado ovino y caprino, sobre todo en primavera, cuando la explosión de vegetación es espectacular.

Es una paidera de grandes dimensiones, con paredes retocadas en diversas ocasiones. Lejos del pueblo y de difícil acceso en invierno por la nieve y las inclemencias.

Las maderas de escasa calidad y unas paredes de poca consistencia aceleraron su muerte prematura.

Una puerta bastante bien conservada al solano del corral muestra varios nombres de pastores que regentaban esta zona y que aprovechaban largos ratos de ocio para hacer sus firmas y filigranas.

Consta una fecha de 1951 -ya moderna-, lo que evidencia que se siguió usando hasta después de la posguerra.

Entre los nombres, he encontrado el de mi padre, Vicente Hernández, que en más de una ocasión me contó lo duro que era ir cada día hasta las Lomas por caminos pedregosos, con la nieve hasta encima de las polainas.

Lugar propicio para que los pastores se juntaran y, tras encargar los ganados, pasaran parte de la jornada comentando peripecias y cosas de la juventud.

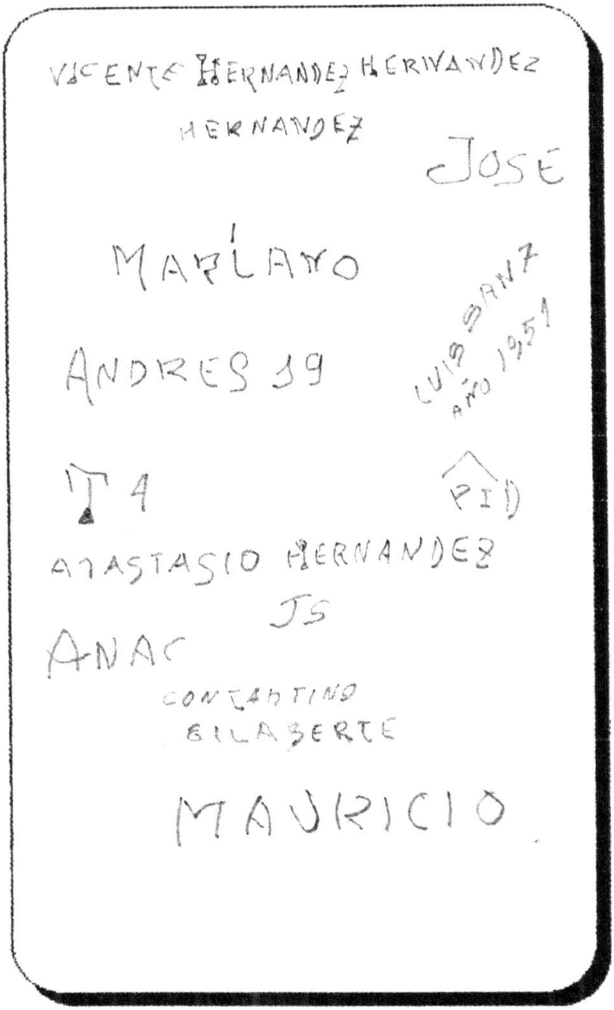
VICENTE HERNANDEZ HERNANDEZ
HERNANDEZ
JOSE
MARIANO
ANDRES 19
LUIS SANZ
AÑO 1951
T 4
ANASTASIO HERNANDEZ
JS
ANAC
CONSTANTINO
GILABERTE
MAURICIO

VALDERAIMUNDO 1

SITUACIÓN: En la loma junto al camino de los Majadales.

PAIDERA: 16 X 8 — CORRAL: 14 X 8

Esta primera paidera forma parte de un grupo de cinco que se hallan en la misma loma, a escasos metros unas de otras.

Su acceso desde el pueblo es corto siguiendo el camino de los Poyales por la boca del Arenal -unos dos kilómetros en línea recta-.

Todas se encuentran en ruinas, ya que no hace mucho derribaron tres para facilitar la repoblación de conejos.

Lugar soleado y resguardado de los malos aires, con salidas directas a las dehesas y tierras de labor.

Los abrevaderos más cercanos son los de la fuente Don Pascual y el arroyo de Valdemartín, con todos sus manantiales.

Su cubierta era de barda, como lo acreditan los restos interiores de aliagas, enebros y ramas de rebollo. Sus paredes de piedra, de mala cantera y escasa altura, fueron sacadas de la misma loma.

Su puerta tiene una mirilla en forma de abanico, donde pueden verse varios nombres de gente del pueblo, algunos grabados con delicadeza, como el de Celestino.

Hay dibujos amenazantes con formas de navajas entrecruzadas, en señal de duelo.

Consta una fecha: 1865.

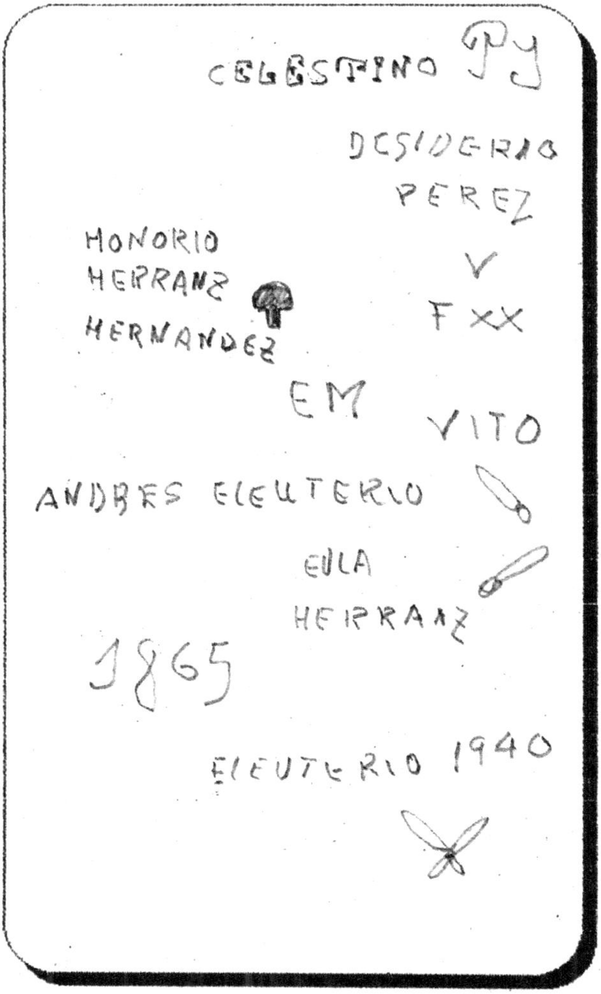
CELESTINO
PY
DESIDERIO
PEREZ
V
FXX
HONORIO
HERRANZ
HERNANDEZ
EM
VITO
ANDRES ELEUTERIO
EULA
HERRANZ
1865
ELEUTERIO 1940

VALDERAIMUNDO 2

SITUACIÓN: Junto a la anterior.

PAIDERA: 14 X 8 — **CORRAL**: No hay.

Este segundo recinto está más deteriorado que el anterior. Apenas son visibles los restos de sus paredes. No tiene corral ni indicios de que lo hubiera, quizá porque su gran majadal y el corral comunitario lo hacían innecesario.

Este majadal era aprovechado por el resto de paideras, lo que sugiere que era de uso colectivo -o familiar-. Siempre estaba lleno de estiércol y, hasta no hace mucho, era uno de los lugares donde más se reproducían las setas de cardo.

Quedan evidencias de que su techumbre era de barda, hecha con aliagas, enebros y hasta zarzas. Sus vigas eran de pinos de la zona y rebollos.

Los restos de su antigua puerta, esparcidos por el majadal y hechos trizas, fueron recopilados por un servidor: tres tablas incompletas que dejaban ver algunos nombres.

Tenía una mirilla en forma de flecha.

En ella está grabada la fecha 1920, que podría corresponder al nacimiento de alguno de los nombres inscritos. Es curiosa la variedad de nombres sin relación familiar.

Llama la atención que, estando junto a la anterior, solo se repitan las letras de uno de ellos.

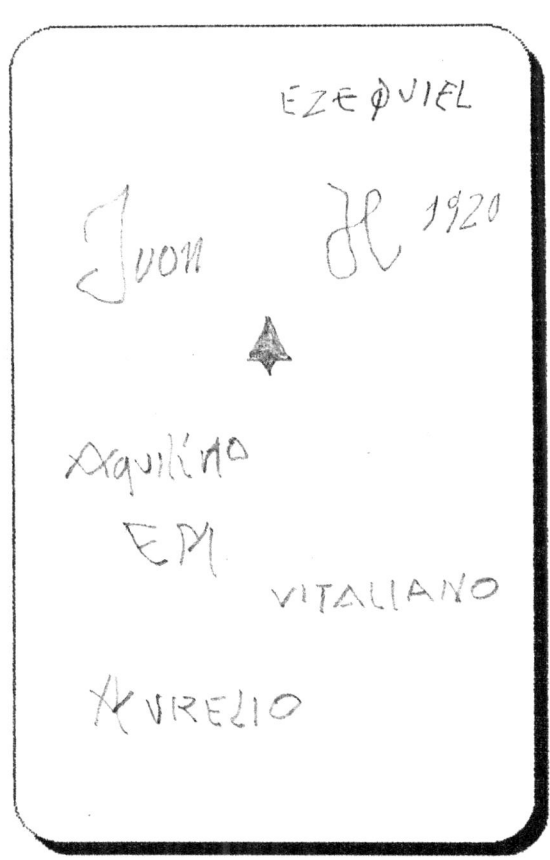

VALDERAIMUNDO 3

SITUACIÓN: Junto a las anteriores.

PAIDERA: 10 X 7 — **CORRAL**: 10 X 7

Solo quedan restos de paredes que evidencian una antigua paidera con su corral.

Destruida y abandonada a la historia.

VALDERAIMUNDO 4

SITUACIÓN: Junto a las anteriores.

PAIDERA: 13 X 10 — **CORRAL**: 10 X 7

Tiene restos de gran antigüedad. Posiblemente fue la primera construida en el sitio. Es la más escorada hacia el arroyo de Valdemartín.

VALDERAIMUNDO 5

SITUACIÓN: Junto al resto.

PAIDERA: 10 X 12 — **CORRAL**: No existe.

Es una especie de corral de forma irregular, con una antesala circular que da acceso al habitáculo. En sus orígenes pudo ser una cabaña que luego se agrandó.

LOMA DEL COFRADE 1

SITUACIÓN: Junto a la carretera de Tordellego.

PAIDERA: 9 X 17 — **CORRAL**: 9 X 11

Quemada recientemente por cazadores externos al hacer lumbre dentro para refugiarse.

Su estado presenta un conjunto de paredes de piedra casi completo, con un excelente corral de holgada altura. En su interior se observa la argamasa de cal y arena.

Su cubierta era de teja, como demuestran los escombros que perduran. Queda en pie un gran pilar de piedra y restos de la techumbre.

Su localización está en plena cantera de extracción de piedra, con salida directa al paraje del Hontarrón por el sur y al Tallar por el norte.

Su abrevadero más cercano es el arroyo de las Cañadas.

LOMA DEL COFRADE 2

SITUACIÓN: Junto a la anterior.

PAIDERA: 8 X 10 — **CORRAL**: 5 X 12

Sus restos son menos visibles, pero no por eso menos evidentes.

Conserva toda su estructura perimetral, con paredes de media altura y los vacíos de las puertas, tanto del corral como de la paidera.

A escasos metros hay varios restos de edificaciones que podrían corresponder a un Villarejo desaparecido hace años.

LAS LOMAS 2

SITUACIÓN: Cerca del camino del Castellar.

PAIDERA: 15 X 7 — **CORRAL**: 11 X 7

Su estado es ruinoso. Una de las más antiguas y lejanas del pueblo, razón por la que quedó abandonada hace tiempo. Hay evidencias de un incendio o de que los pastores hacían lumbres en su interior tras su hundimiento.

Su cubierta, hecha de aliagas y enebros, pudo servir de combustible para su desaparición.

LAS LOMAS VARIAS

SITUACIÓN: Entre la Cueva y el camino de Peñarrubias.

MEDIDAS: Unos tres metros de diámetro.

En la cara oeste de la Cueva de los Moros, cerca de los desvíos de los antiguos caminos a Alustante, hay una serie de paredes cerradas con grandes losas de gran antigüedad.

Son entre diez y doce ruinas de construcciones redondas, a escasos metros unas de otras, pero formando un conjunto defensivo.

Evidencian cabañas rudimentarias que luego se convirtieron en pequeñas paideras de barda. Es curiosa la entrada en forma de caracol, que impedía al ganado escapar.

LA CABEZUELA 1

SITUACIÓN: Junto al camino de Alustante.

PAIDERA: 14 X 6 — **CORRAL**: No existe.

En ruinas. Conserva parte de su techumbre de barda y la "espina dorsal" de su cubierta, hecha de madera de pino y rebollo.

Está a la entrada del barranco del Ojillo, con la dehesa Somera y sus vallejos a disposición, y cerca de las fincas de labor por el saliente.

Sus abrevaderos más cercanos son el Ojillo, el Villarejo y el arroyo de la Cabezuela.

No tiene corral aparente, y sus paredes apenas se levantan unos centímetros. A pocos metros hay otras cinco paideras, por lo que quizá solo se usaba para pernoctar si las demás estaban ocupadas.

Es de las más lejanas del pueblo, junto a las de las Lomas y los Majadales.

Lugar privilegiado: en solana, resguardado del viento norte y con excelentes pastos en vallejos tranquilos.

De su puerta, recuperada entre escombros, se ven dos tablas medio podridas con nombres familiares como Daniel, Vitaliano y Emilio.

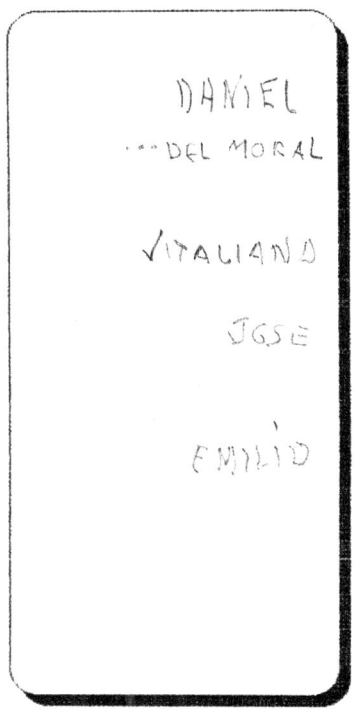

LA CORDILLERA

SITUACIÓN: A la derecha del camino de Tordesilos.

PAIDERA: 12 X 7 — **CORRAL**: 4 X 7

Refugiada bajo unas rocas, al final de un corredor donde acaba Molinicos.

Aunque hundida hace poco, conserva el esqueleto de barda, con todo su entramado de vigas visible.

Sus paredes originales son de grandes monolitos de piedra extraídos del contrafuerte. Tiene un corral posterior a modo de refugio.

Su escasa altura contaba con dos filas de pilares paralelos de madera de carrasca.

En el marco de la puerta hay dos losas con orificios para cerrarla con un barrón y candado.

Se conservan iniciales y nombres en la puerta y vigas. Tiene una mirilla triangular y la figura de un perro, igual al de la paidera del Monte.

Está cerca del arroyo Molino, donde el ganado iba a beber.

Tras observarla, concluyo que la paidera actual es una reconstrucción de un antiguo refugio o castro neolítico, por el tamaño y ubicación de sus piedras y la facilidad para cubrirlo con el desnivel del terreno. Su antiguo corral es una fortaleza perfecta, y el lugar ideal para la caza menor y de herbívoros.

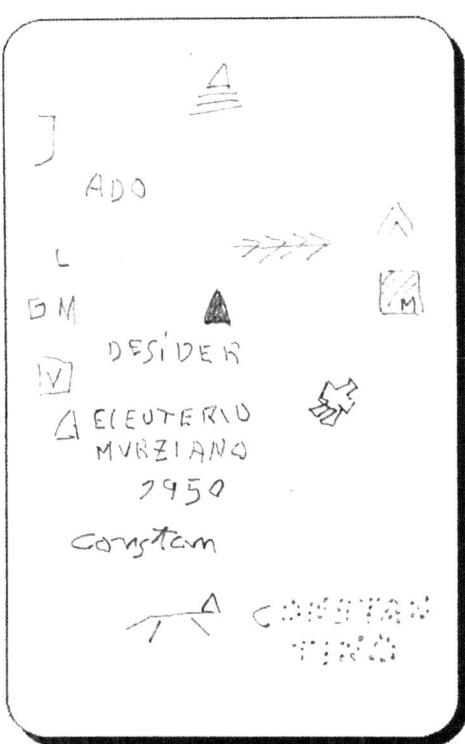

BAJO LAS OLLAS 1

SITUACIÓN: A la izquierda del camino de Alustante.

PAIDERA: 7 X 6 — **CORRAL**: 6 X 6

En esta loma hay un grupo de paideras en ruinas. En tiempos no lejanos, servían de refugio para viajeros a Alustante en caso de lluvia o nieve, y durante la guerra para esconderse del enemigo.

A sus pies está el arroyo del Villarejo y del Reposero, donde el ganado iba a abrevar.

Esta paidera es antiquísima y de reducidas dimensiones. Aún conserva parte de su barda entre las ruinas -una argamasa de aliagas, enebros y támaras-.

Típica paidera de barda de la zona por su tamaño y rusticidad. El grosor de sus paredes muestra la cantidad de material usado y cómo se añadían capas para reforzarla.

Tiene varios pilares de madera, y sus costales apoyan en el suelo sobre un zuncho de piedras y maderos.

Unas tablas rotas de su puerta conservan nombres de vecinos del pueblo, claramente visibles: Daniel, Eleuterio, Aurelio, José, Mariano, etc.

Destaca el dibujo de una bailarina o moza serrana. Acompañan una fecha (1771) y unas filigranas.

DANIEL

ELEUTERIO
MUROLANO

AURELIO

JOSE

HILARIO

HERNANDEZ

MARIANO

1771

BAJO LAS OLLAS 2

SITUACIÓN: Al lado de la anterior.

PAIDERA: 7 X 7 — **CORRAL**: 7 X 5

En ruinas desde hace tiempo. Solo quedan vestigios de sus paredes y restos de su cubierta de barda.

BAJO LAS OLLAS 3

SITUACIÓN: Anexa a la anterior.

PAIDERA: 14 X 8 — **CORRAL**: 13 X 8

De grandes dimensiones. Su estructura aún puede delimitarse. Los restos interiores indican que su cubierta era de teja y barda.

Tenía dos filas de pilares de madera de carrasca en forma de uve.

BAJO LAS OLLAS 4

SITUACIÓN: A pocos metros de las anteriores.

PAIDERA: 5 metros de diámetro — **CORRAL**: No existe.

En medio de la loma. Conserva su perímetro de paredes y un hundimiento con un montículo fruto del derrumbe.

MAJALASVACAS

SITUACIÓN: En la loma del mismo nombre.

PAIDERA: 10 X 8 — **CORRAL**: 2 de 6 x 3

Lugar insólito para construir una paidera.

Su ubicación justo en el límite del término de Tordellego no es la adecuada, pues sus paredes rozan exactamente con los mojones que separan ambos pueblos.

Su acceso normal debe hacerse por la carretera que une ambos pueblos y por el camino que lleva a las fincas de labor de los Hontanares del pueblo vecino. Otra opción sería entrar por Cañantormo y subir por el vallejo del Juncar hasta el final de la loma.

En realidad, tras analizar el lugar, creo que más bien se trata de un puesto de vigilancia.

El sitio es privilegiado por su tranquilidad y las vistas sobre la Torrecilla y toda la umbría de Caimorro.

He llegado a la conclusión de que este lugar era una especie de paidera-cabaña que servía para vigilar intromisiones de vecinos: ya fuera por el ganado, el corte de leña o la recolección de piñas y gamones.

Su configuración es medio ovalada, con una habitación central y un par de pequeños corrales en la entrada y parte posterior que podrían usarse para encerrar animales domésticos. Tiene una entrada bien definida y su construcción es de escaso valor, con piedra sacada del mismo lugar.

LOS MAJADALES

SITUACIÓN: En el puntal de dicho paraje.

PAIDERA: 12 X 14 — **CORRAL**: 16 X 8

Para llegar, hay que tomar el camino de los Poyales, seguir por las paideras de Valderaimundo y desviarse por el antiguo camino del Ojillo hasta la loma, donde hay un monolito de piedra.

La paidera actual, reformada con teja árabe y paredes revocadas, poco tiene que ver con la original, salvo algunos restos aprovechados. Incluye un cobertizo en el corral para dar sombra al ganado en verano.

En su interior hay canales de madera y restos de un zarzo.

Este paraje es un mirador perfecto para el pueblo de Adobes, la Sexma de la Sierra y el Predregal.

Tiene un sestero con un mojón de piedra que sirve de orientación en nevadas.

El abrevadero más cercano es la fuente de Don Pascual, pero su salida natural era hacia el Ojillo y las lomas hasta el mojón de Piqueras y Alustante.

Junto a la paidera se distinguen las paredes de otra anterior, más grande.

Quedan restos de una puerta con una fecha antiquísima: 1719.

Destacan unos corazones y el dibujo de un gato bailando con la inscripción *"miau"*.

A su lado hay alegas con grandes losas de piedra.

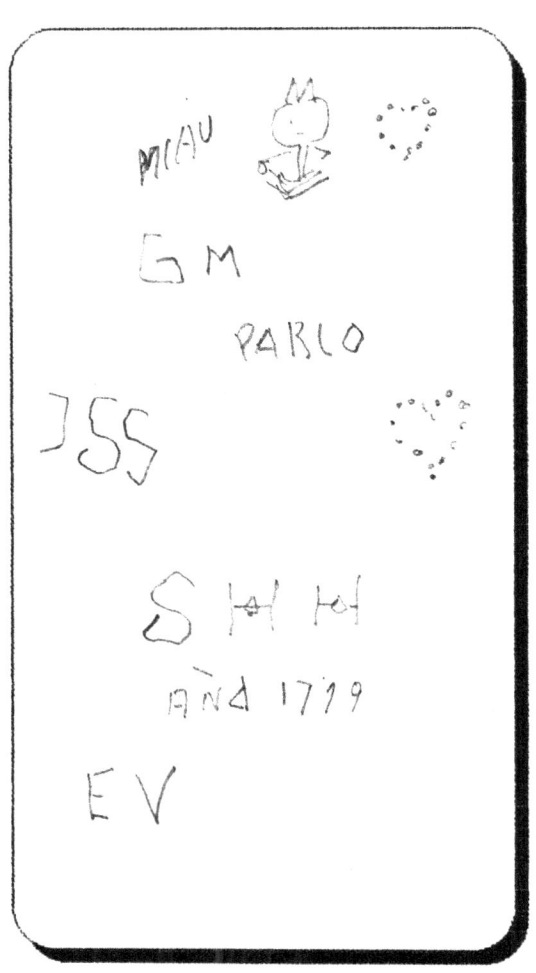

LAS DECARAS

SITUACIÓN: Encima de Valdemartín.

PAIDERA: 13 X 6 — **CORRAL:** 9 X 7

Situada sobre las piedras de Valdemartín, entre las Fuentes, la fuente Don Pascual y Valdemartín, con salidas a la dehesa Somera y las tierras de labor.

Actualmente oculta por una nave moderna que la usa como corral. Es de las últimas en usarse y está destinada al olvido.

Conserva parte de su barda de aliagas y enebros. Su corral está cubierto de ramas para protegerlo del viento de poniente.

Lugar privilegiado por su comunicación con el pueblo y los manantiales cercanos.

Su puerta tiene pocas iniciales, lo que sugiere que los pastores no podían entretenerse aquí, pues las fincas de labor lindan con el corral.

Se accede por los caminos de Alustante, la Esteva, los Majadales, el Armachal o el arroyo de Valdemartín.

Tiene una fecha moderna (1953) con el nombre Andrés e iniciales sueltas.

Disfruta de agua permanente todo el año, pese a estar cerca del pueblo.

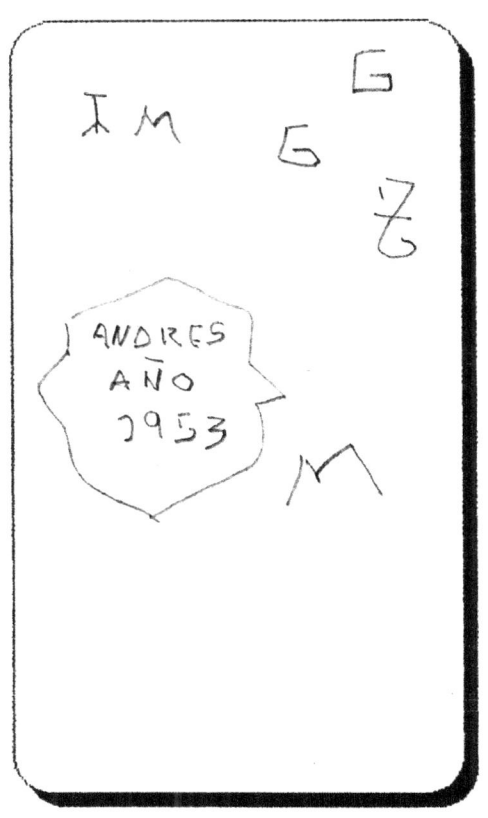

PEÑALAZORRA

SITUACIÓN: Encima de la fuente de Don Pascual.

PAIDERA: 15 X 8 — **CORRAL**: 13 X 8

En un precioso sestero entre rebollos y pinos, con vistas al pueblo. Al lado está el rincón del prado de la Zarza, uno de los vallejos más tranquilos del término.

Salidas naturales hacia la dehesa Somera, los Majadales y las tierras de labor. La fuente de Don Pascual está a escasos metros.

Paidera de excelentes dimensiones, con un gran majadal.

Su techumbre de teja y su zuncho armonizan con el paisaje.

A pesar de estar en una lomilla, está protegida de los malos aires.

Tenía dos entradas: una trasera (hoy clausurada) y la principal, repleta de nombres y filigranas.

Era la más representativa del pueblo y merecía conservarse para la posteridad. *(Por desgracia, hoy está destejada y su puerta destartalada.)*

Un servidor recuperó unas tablas tiradas por la loma, guardadas como reliquias.

Tiene una mirilla en forma de hongo.

Una fecha (1918) y nombres como Aniceto, Enedino, Aurelio, Eleuterio, Germán, Francisco, Plácido, Eladio, Andrés, Cándido, e iniciales (ILH, JH, AM, ADO, VL).

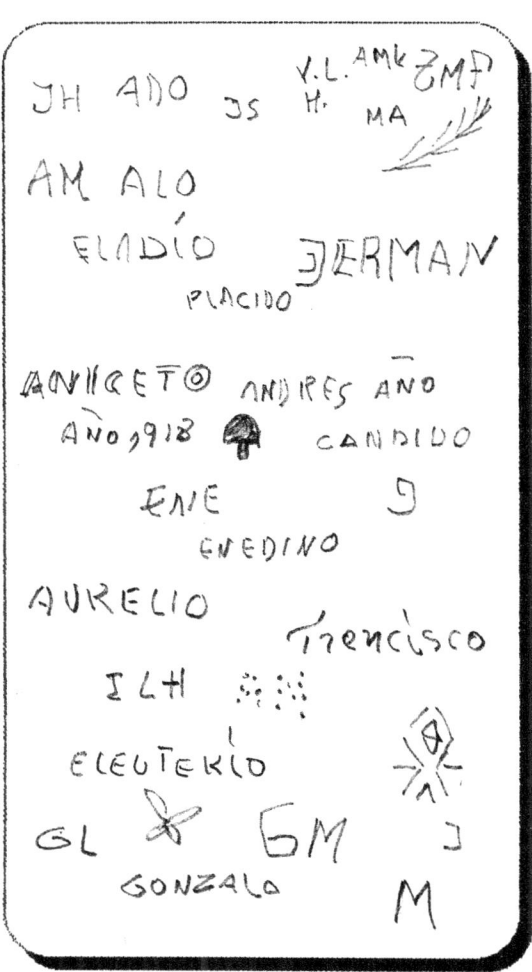

CAIMORRO 1

SITUACIÓN: En la loma del mismo nombre.

PAIDERA: 20 X 11 — **CORRAL:** 12 X 11

Tiene una excelente situación por su salida limpia a través de toda la loma hacia cualquier lado, preferentemente por el Tallar, por las Solanillas y a las tierras de labor.

Resguardada de toda inclemencia del norte por el puntal de Caimorro y con sol durante todo el día.

Justo detrás está una de las carrascas más grandes y centenarias de todo el término.

Su cubierta es de teja árabe y está sustentada mediante palos y costeras de pino.

En sus paredes reconstruidas de una anterior se mezcla cal y arena con su obra rústica.

Tiene tres pilares de madera de carrasca y uno de piedra más moderno que sujeta la viga principal.

Todavía conserva una pequeña pajera a la entrada y un atroje reservado para el grano y otras necesidades.

Su vista es detectable desde el pueblo sin ningún esfuerzo buscando el norte del término.

Conserva una puerta muy interesante y con herrajes de fragua en todo su contorno.

Tiene una mirilla en forma de flecha, varios dibujos vegetales y varios nombres e iniciales.

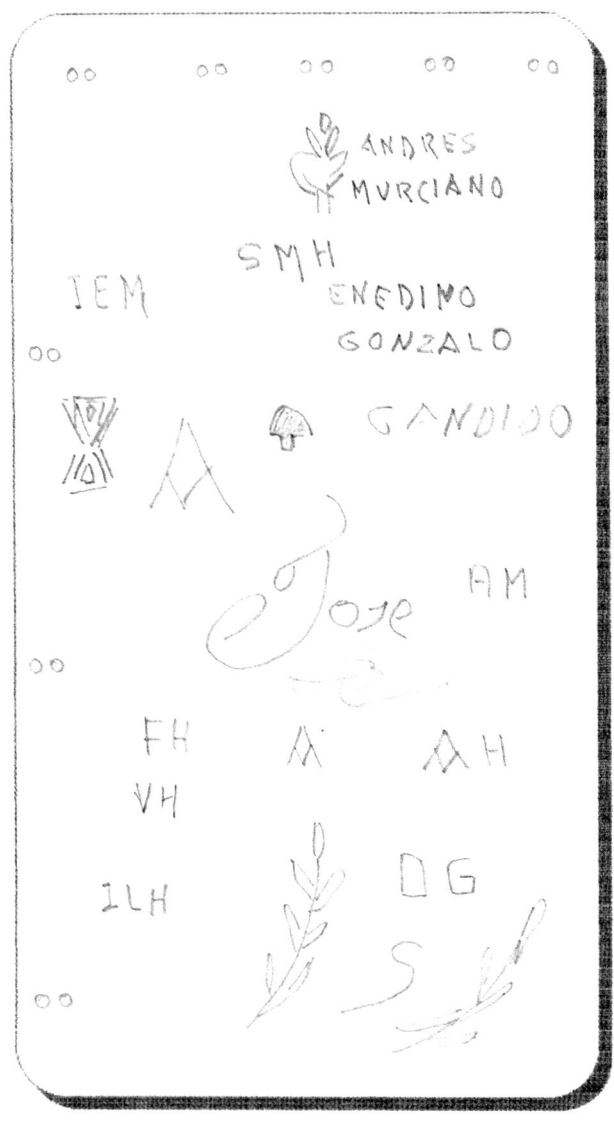

CAIMORRO 2

SITUACIÓN: Junto a la anterior.

PAIDERA: 13 X 10 — **CORRAL**: 14 X 10

Su obra tiene una construcción rústica de gran perfección, sobre todo en el corral donde se conserva su autenticidad con losas en su parte más alta para que sirva de alero. Está hecha sobre lastra viva, de la que se aprovecha su cantera para las paredes.

Sus abrevaderos más cercanos serían las Cañadas y el arroyo de la Hoz.

Su tejado tiene unas tramadas bien distribuidas y sus bocatejas están afianzadas con argamasa.

Está toda ella rodeada de carrascas centenarias.

Consta de dos grandes pilares.

Su corral y su majadal se conservan verdes todo el año debido al estiércol de las ovejas.

De su rota y excelente puerta de entrada se pueden descifrar algunas iniciales y fechas.

Tiene una mirilla en medio de la puerta en forma de flecha.

Algunos nombres como Juan, Julián o Pedro.

Varias iniciales incompletas como VA, JG, VH, FM, EM, F, J, y un par de fechas de 1940 y 1921.

Un par de ramos de espliego adornan de manera muy creativa la puerta de arriba abajo.

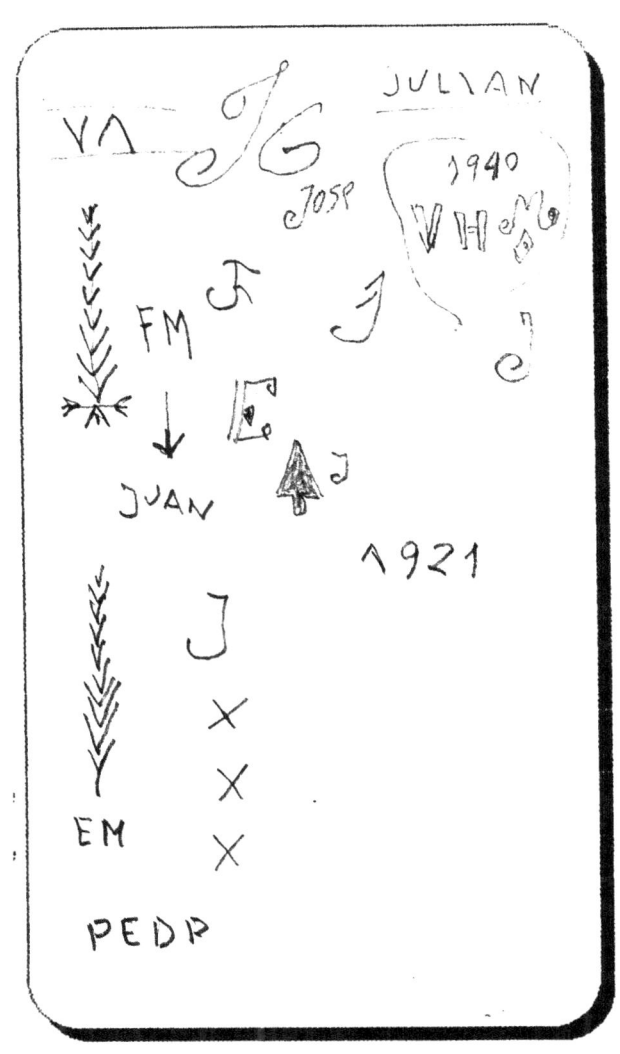

CAIMORRO 3

SITUACIÓN: En el vallejo sobre una lomilla.

PAIDERA: 13 X 16 — **CORRAL**: No existe.

Esta paidera se encuentra situada sobre una morra natural que se levanta en medio del vallejo. Está rodeada de fincas y actualmente de una plantación de trufas.

Su salida natural es hacia el Tallar, el término de Tordellego, el Monte y las tierras de labor.

Se conserva en relativo buen estado y era usada hasta hace poco en primavera y verano para dejar el ganado asestado. A falta de corral tiene un buen majadal y unas alegas a pocos metros.

Sus dimensiones son escasas y su altura interior lo justo para moverse.

Su techumbre es de teja árabe y asentada sobre támaras y bujes de la zona. Es posible deducir que esta actual es un rehecho de una anterior por su configuración y por detalles de haber tenido un tejado de barda de aliagas y támaras.

A su lado quedan restos de un antiguo corral o cabaña.

La puerta de escasas dimensiones está apoyada en unas grandes losas de arenisca.

Una mirilla en forma de llavera y unos nombres es lo que queda de sus dos únicas tablas.

Se puede leer claramente la palabra Adobes, unas iniciales de ED y otra palabra incompleta que se supone que es como la anterior: AXDO.

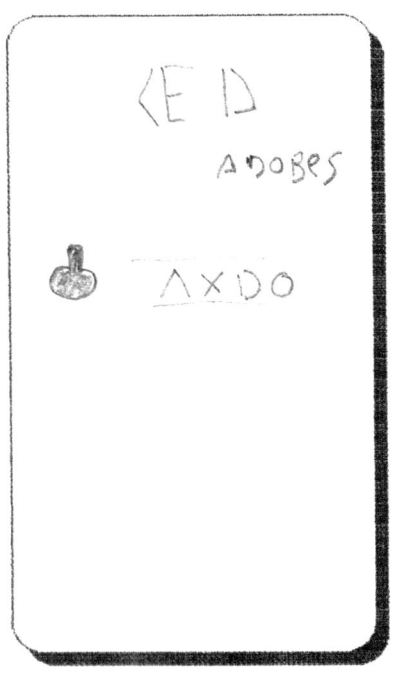

CAIMORRO 4

SITUACIÓN: Al lado de la número 2.

PAIDERA: 10 X 8 — **CORRAL:** 10 X 8

He considerado el incluir una serie de corrales adosados entre sí que por su posición y medidas me han llevado a pensar con fundamento que se trata de unas paideras abandonadas.

De edad antiquísima, conservan restos de sus lienzos de paredes visibles, así como sus entradas. Sus formas ovaladas y de pequeñas dimensiones serían de transición de castros o cabañas.

Podría tratarse incluso de un Villarejo, dado que hay más restos a no muchos metros.

EL CONTAIRO

SITUACIÓN: A la izquierda del camino que va a Cañantormo.

PAIDERAS/CORRALES VARIOS

He considerado estos restos como antiguas paideras, aunque realmente creo que se trata de un antiguo asentamiento a forma de Villarejo o poblado de cabañas.

Pudo ser un antiguo castro bastante bien organizado porque sus corrales forman una especie de círculo de protección, bien para las personas o para los animales que allí guardaban.

SOLANILLAS 1

SITUACIÓN: Camino de Caimorro.

PAIDERA: 7 X 15 — **CORRAL**: 7 X 9

Para poder localizarla tendremos que ir por el camino de Molina hasta el Santo y desde allí coger el desvío que sale a la derecha y seguir por el camino de concentración.

Junto con las del camino de Piqueras son las más próximas al pueblo, por lo que han sido de las más frecuentadas últimamente mientras quedaban rebaños de ovejas.

Si algún inconveniente se les puede poner es que no están a la vista del pueblo dada la proximidad, pero en cambio disfrutan de una ubicación privilegiada tanto por el sitio tan soleado donde están como su salida cómoda hacia el monte o hacia la tierra de labor.

Actualmente está en ruinas pero evidencia su construcción de barda de gran espesor con ramas de enebros, chaparras y aliagas.

Sus ruinas nos dejan entrever unas paredes sencillas y rústicas.

De su puerta solo he localizado un par de tablas sobre unos enebros y otra envuelta en escombro que delatan una gran antigüedad. Apenas unas letras que parecen ser de la misma persona es lo que queda.

Varias letras en vertical en dos filas como AAMH y AAAAM.

Dos estrellas, una judía con dos triángulos cruzados y una mudéjar con dos cuadrados también cruzados.

Un número 9 y una E completan todo.

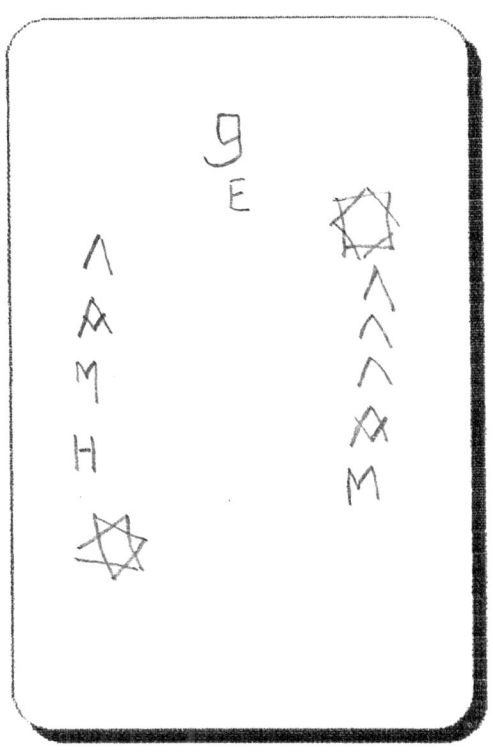

SOLANILLAS 2

SITUACIÓN: Al lado de Solanillas 1.

PAIDERA: 12 X 12 — **CORRAL**: 18 X 12

Es un conjunto de muy buenas dimensiones y mejor distribución con un amplio corral mucho mayor que la paidera.

La piedra está sacada del mismo lugar donde se construyó.

Su obra es tan antigua como rústica, al igual que la anteriormente citada. Actualmente está en ruinas pero aún quedan señales de haberse reparado en varias ocasiones, como consta en uno de los lienzos interiores revocados en cal.

Recientemente resultó incendiada y en ella tuvo lugar un hecho luctuoso y de penoso recuerdo para las gentes de este pueblo, pues allí falleció el tío Isidoro.

En su pared de entrada hay dos herraduras para atar los animales que se usaban para llevar la paja.

En su pared trasera queda constancia de la última reparación que se hizo en 1950 y 1951 según consta con los nombres de Valentín y Cándido, padre e hijo respectivamente.

Su puerta nos data una fecha antiquísima de 1725.

De exquisita caligrafía.

Los nombres figurantes son:

JESÚS SEVERINO, PASCUAL, PEDRO, ZEFERxd y PA.

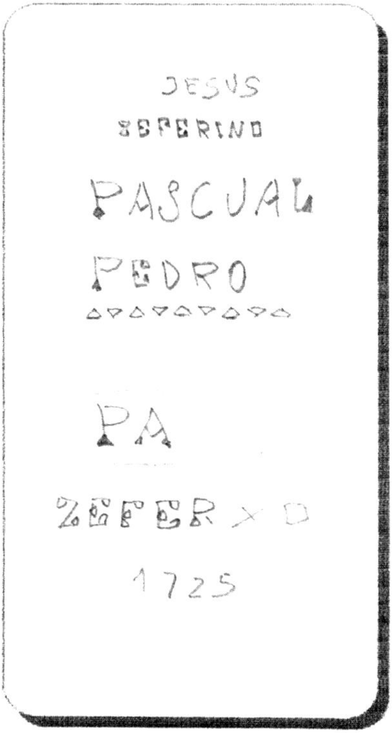
JESUS
PASCUAL
PEDRO
PA
1725

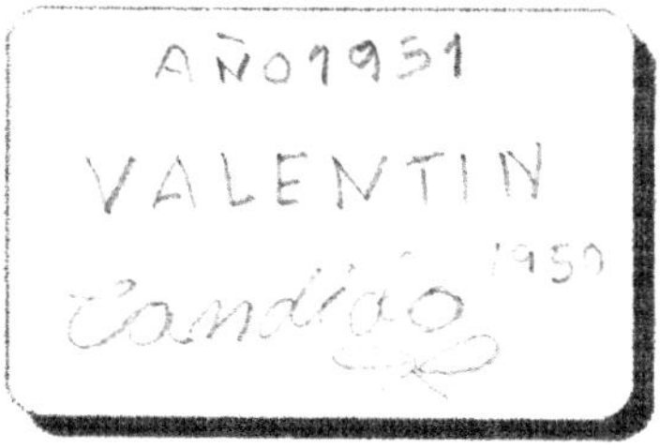
AÑO 1951
VALENTIN
1950

A UNA PAIDERA CUALQUIERA,
A UN PASTOR ANÓNIMO

Con punta de acero hiero
la piel del pino arrugado,
para que brote mi huella
y se selle lo pactado.

Talé con navaja mi nombre
sobre el rancio madero,
para que sepan los años
que fui pastor de rebaño.
Que reconozcan mi firma
los que fueran allegados,
que rebusquen en la tabla
la letra o el garabato.

Y si el tiempo lo ha borrado
o el viento lo ha espolvoreado,
doy fe de que las paideras
de mí no se han olvidado.

A UNA PAIDERA

Si olvidas que hubo caminos que generaciones marcaron,
buscando un soplo de vida en torno a unas paideras,
recuerda que tú naciste entre el dolor de sus parias.

Rudas de piel curtida entre pinares y lomas,
con hambre de sobrevivir a la vida cotidiana,
donde se duerme el tiempo y donde la noche se alarga.

Paidera, eterna soledad, asilo de mil pastores
que sueñan bajo la luna que el día nazca con pan
para repartir las migajas entre su perro y la mansa.

Paidera que ocultas miserias a ciegas entre tu barda,
haciéndote hogar y cabaña de gente muerta de gana.
¡Déja que tus ubres manen chorros de leche y maná,
y la gente que te mora mame hasta reventar!

La gente pobre y analfabeta puede llegar a ser sabia a
poco que la naturaleza se deje querer.

Yo no soy ni pobre ni sabio, pero entiendo de estas
cosas.

La tristeza que al principio me invadía con el panorama
de abandono y desarraigo de una identidad de antaño se
fue tornando en optimismo al comprobar lo importante
que fueron aquellos años para la supervivencia de nuestro
pueblo. Decenas de paideras regadas por todo el término
municipal donde nuestros antepasados supieron hacer su
vida cotidiana a base de esfuerzo.

Que el pueblo se mantuvo con vida está más que demostrado. No hay más que ver la lucha constante de sus
vecinos por sacar jugo a la tierra que les vio nacer, aunque
fuera teniendo que andar mil veces sus lomas o sus dehesas.

Y si ahora ha pasado lo que tenía que pasar, porque los
tiempos así lo mandan y el hombre así lo ha planteado, no
por eso hemos de renunciar a nuestro patrimonio, olvidan-
do hoy algo que fue futuro en su época y que nosotros nos
hemos encontrado. Que por nuestras venas corre sangre
contaminada de aquellos tatarabuelos que de su vida en
el pueblo nacieron ya infectados.

Cuando pienso en estas cosas, no dejo de meditar que solo a unos cuantos tontos, que no se sienten de aquí, no les puede interesar tanta hambruna y ruina que por doquier se destila en pos de sobrevivir.

Ya lo dijo la razón: "La muerte menos temida da más vida". Eso mismo pienso yo cuando adivino en el pueblo suspiros de vida. Que la suerte de este pueblo la creamos nosotros cada vez que no anhelamos las ganas de vivir en él y dejarlo abandonado.

Y si no tuviera fundamento en todo lo que he contado, has de saber, hermano, que errar suele ser de humanos, y que el perdón, si divino, también es bien aceptado.

Perdí el tiempo porque era de mi agrado.

Y por ti, por si estás interesado.

Que más jeringocias hago yo
para que pases el rato.
No está escrito en papel,
sino impreso en la razón,
que hace que brote un verso
o que prosee en un renglón
unas páginas en blanco,
para que el tiempo no lo borre
y lo lleve al corazón.

Si tú supieras que antaño
contaban con cinco dedos
usando las dos manos,
y que juntaban las letras
sin saber abecedario...
Es posible que perdieras
uno de tantos ratos

en descubrir una firma
a base de garabatos,
de alguno de tus antepasados.

Después de darme la caminata saltando de loma en loma y de paidera en paidera, me apetecía quedarme un rato entre la sombra de los rebollos, recordando y memorizando algunos de los nombres que me eran familiares o conocidos, e intentando descifrar el de otros muchos ya fallecidos o lejanos a los oídos.

Suponía e imaginaba montones de cosas y casos que debieron pasar a escasos metros de donde me encontraba. Hay momentos en que uno siente tanta nostalgia que hasta la garganta se encasquilla y la mente se nubla, impidiendo pronunciar palabra.

Solo unos versos con más corazón que acierto se atrevían a salir al aire entre el rumor de los rebollos:

Hola, mi pueblo querido,
vuelvo a estar en tu regazo,
quiero tenerte muy cerca
y caminar de tu mano.
Me divierto en tu pinar
entre susurros y cantos,
y al recostarme en tu césped
me acaricias con tu mano.
Vuelvo a mirar al pueblo
y encuentro la torre a su vera,
perdida entre sus rosales
y mil flores de primavera.

Y pasó el rato...

Las sombras de los rebollos se abalanzaban cuesta abajo en busca del verde prado hacia el vallejo plagado de sembrado de trigo y pipirigallo. El sol, cansado de tanto día, huía hacia la penumbra del pinar para esconderse en el horizonte entre las copas de los pinos de la loma.

Ascape me levanté y me escapé de entre tanto rebollo y sombra para reemprender el camino de regreso al pueblo. Mi sombra trotaba al compás de mí caminar como queriendo justificar el tiempo de retraso y excusarme a mi llegada de tanta demora. El color barnizado de los tejados por los rayos del sol evidenciaba claramente la caída de la tarde, y hasta la torre de la iglesia dibujaba en su fachada la sombra del poco sol que quedaba.

Bajaba pensando yo qué excusa poner para justificar tan justificado retraso, porque decir que se había ido de paideras, sería el hazme reír de toda la gente, así que me inventaré cualquier otra historia que no sea de puertas y de corrales destartalados. Con lo que había disfrutado arañando letras de los maderos para sacar el nombre de alguno de los jubilados o antepasados del lugar y conocer un poco más de la historia de este pueblo, y ahora pensar que no ha valido la pena.

—Que no. No me conformo.

Me imaginaba a Cándido haciendo filigranas para poder grabar su nombre en la paidera de las Solanillas.

Había uno que se dedicaba a pintar corazones. Cuestión de amores.

Los había que usaban números romanos. Tiene su explicación, es más fácil de hacer con la navaja.

La mayoría ponían las letras iniciales. Góticas o barrocas. ¡Córcholes!

Ahora llego al pueblo y resulta que no hay ningún jubilado. Se han ido todos de paseo al campo. Visto lo visto, y más solo que la una, cuando llega la postura del sol, la mejor ocurrencia que se le puede venir a uno, es cogerse un corrusco de pan con chorizo del frito e irse un rato a pasear.

Tratándose de una ocurrencia, nos puede ocurrir que nos encontremos con una mujer paseando un botijo al Cañuelo con su habitual zarandeo, o que veamos a otro cualquiera cogiendo mielgas para los conejos en un ribazón prohibido para el ganado, u observar un par de perros enganchados en las eras por aquello de los amoríos.

Entre miro y observo, entre bocado y bocado, unas palomas cruzan por encima de la Lomilla tras haber bebido agua en la Colmenilla, en busca de la torre de la iglesia, espantadas por el ruido de un trasto-móvil que baja desesperado por la cuesta del Santo y al que persigue el perro de un pastor que anda cabreado como una moto.

Casi acabando el pan y cuando el sabor a chorizo se queda huérfano, al cuerpo le apetece un desaire de mala educación para acelerar el aposento del alimento en el estómago y de paso eliminar su posterior olorcillo. A propósito, el Castillo es el lugar ideal para hacer este tipo de necesidades fisiológicas.

—Pooommm.

—Cataplooommm.

—Puuuummmba.

—Catapuuuummmba.

—Poommm.

—Puuummba.

Tras dejar a los cerdos y recerdos a su aire…

—¿Y a quien de vez en cuando no le apetece un cuesco?

El perpetuo viento que pasa se encarga de diseminar los efluvios olorosos que se arremolinan por el Castillo. A sabiendas de tu soledad puedes emitir cualquier estridencia o combinación rítmica que te apetezca o te propongas, teniendo en cuenta la buena acústica del lugar.

Mientras yo seguía con mi "porompompero", el jubilata de turno descansaba con su saco de mielgas junto al Pairón a esperas de soltar unas palabras y echar un trago de agua fresca del primer botijo que venga del Cañuelo. Con las frases rutinarias de siempre y el ademán de beber es suficiente para saciar la sed y proceder a tener una comunicación lo necesaria para justificarse.

Ahora entiendo por qué veo muchas veces hablar en el campo a los dueños con los animales. La imperiosa necesidad de comunicarse, aunque sea entre seres vivos y con gestos de entendimiento, pues las horas se hacen largas e interminables al no tener a tu lado alguna persona con la que relacionarse.

Allá abajo por la Ermita unos chavales pelotean con un balón con suerte desigual. Unos cara al sol y arrastrando su sombra hacia el saliente, con el aire a favor y los otros sin poder pasar del medio campo y con todos los elementos en contra.

A no muchos metros, y acechando el peligro de un balonazo, unos jubilados se empeñan en ser los mejores en eso de la petanca. La discusión de un par de centímetros del bolín, a sabiendas de no tener razón y alegando al estado del terreno, se soluciona con un balonazo mal dirigido. Los mirones que están pendientes de todo menos del juego, observan cómo vuelan los balones rozando sus cabezas.

—Me caguen los putos chavales.

Todo seguía como era de entender.

En cuanto me di media vuelta, unos gorriones apuraron el mínimo descuido para replegar las diminutas migajas de pan que se habían descorchado del carrusco que ya estaba en el estómago haciendo la digestión. Moragaron a toda prisa a la repelea y se ausentaron a sus nidos y, dada la hora avanzada de la tarde, daba la impresión de que ya no estaban para muchas carantoñas.

Esta misma mañana sí que trajinaban yendo y viniendo al nido con cualquier cosa que se les pusiera por delante, bien para reparar la blandura, bien para llevar el alimento a los esporretos pajarillos. Hubo uno que en el tejado de la tía Marina se empeñó en sacar un trozo de tomiza que asomaba por una bocateja y, picotazo a picotazo, fue sacando las hebras de una en una hasta completar la mercancía. Los más se contentaban con volar con cuatro plumillas o algunas vedijas de lana de oveja.

La tarde avanzaba sin parar. Los rayos del sol aliviaban el paso por la cuesta de Cerrosmolinos y se fundían con el rojizo plomizo de los terraplenes de las minas de Setiles. Las campanas de la torre a su vez fundían su color bronceado en tonos ocres oscuros, dejando escapar los últimos rayos del sol entre sus elegantes troneras. Una veleta en lo alto de la torre desdibujaba su sombra entre los ríos del tejado, perdiéndose definitivamente por las eras del Cerro y el Camposanto.

Era un atardecer cualquiera de un día de primavera. Un atardecer distinto del anterior y parejo al de mañana. Se apagaba el sol y con él la vida cotidiana del pueblo. Los bártulos, utensilios, las ganas y los deseos se aparcaban a la espera de un nuevo amanecer. El largo día se apresuraba a aprovechar las escasas horas nocturnas de sueño para levantarse con nuevos bríos.

Ahora, en cuanto anochezca, nos lanzaremos los chavales a la caza de los gamusinos.

A lo lejos, un intermitente campanilleo de cencerros hará compañía al croar de las ranas, y un cuco se acercará al árbol de la iglesia como cada día a molestar al perro que duerme tirado en el rincón del corral de casa. Todo se hace paz.

Cerré mis párpados a la vista,
abrí mis pupilas al cielo,
vi moverse a las estrellas
con luces de vivos colores.

Avivé la imaginación
engañándome a mí mismo,
soñando que estaba despierto
cazando animalillos sueltos.

Zarpadeaba el vacío
perdiendo la orientación,
que al menos me quede uno
que me colme de ilusión.

Eran noctámbulos gamusinos revoloteando en la noche.

¡Adiós, gamusino, adiós!

Con la noche ya a cuestas, me deslicé entre los venenuchos y cardos por el callejón que separa el Castillo del Tiro Barra hasta encontrar la candileja de la bombilla que colgaba en la esquina de la tía Emilia, y que servía de lucero a medio barrio. Alrededor pululaban unas cuantas mariposas blancas con presagios de noticias por carta. El sitio, desde luego, era el más apropiado teniendo en cuenta que la casa del cartero de toda la vida, el tío Santos, estaba a cuatro pasos.

Sin venir ahora a cuento, pero por la relevancia que significó en la comunicación de este pueblo con el resto de pueblos vecinos, lo citamos y lo comprometemos a que venga un día y nos cuente alguna de las muchas anécdotas y peripecias que ha tenido que pasar en sus cientos y miles de viajes como cartero oficial de Adobes.

—Lo dicho.

—Dicho.

—¿Palabra?

—Palabra.

Un poco más arriba, no más de veinte pasos, unas sombras se ceñían a la pared con disimulo buscando la oscuridad. Erase una pareja de novios o simplemente pretendientes a serlo, que habían de cumplir con la rancia costumbre de dejarse ver sin ser vistos e ir preparando el camino que les llevara a la petición de mano. Por estos tiempos que estamos, béseme usted la mano sin rozarla, para ganarse a una moza había que pasar por las etapas predeterminadas de antemano por la curia familiar, popular y de la Iglesia, o de lo contrario te quedabas más soltero que un fraile.

No bastaba con tirar los tejos y ya está, pues pretendientes siempre los hay y a montones.

Más te vale que el vecindario te tenga en estima y bien visto para que los padres asientan el hecho, pues la conveniencia del emparejamiento con la familia a realizar tendrá mucho que contar.

—Déjala que festeje, que es de fulanito de tal.

Que aquí contara el ajuar
La mula y el capital,
Del novio su seriedad
De la novia la heredad
Y del resto Dios dirá.

Que por costumbre en los pueblos se ve más cuanto es más a oscuras que a pleno día. La mejor escucha es cuando no te ven, y de eso saben mucho las ventanas a ciegas, las puertas con cortinas de saco y las rendijas de un solo ojo. Mejor escuchar lo que quiero y si no, me lo invento.

Y viene al caso…

Una vez me dijeron de una mujer que tenía más oído que un gorrino flaco. La verdad, no caí en el caso. Luego me explicaron que escuchaba detrás de la cortina de la puerta y que tenía el oído tan fino como el referido animal muerto de hambre. Dicho animal apenas escuchaba el mínimo ruido entre la pica y el gamellón, ya estaba al acecho.

Por si sirve de aclaración: entre la gamella y el gamellón, esta estaba hecha de tablas de madera y servía para transportar la colada en la cabeza con el rodete, y el gamellón se hacía de un tronco de carrasca, rebollo o pino. Preferencia

por la carrasca, porque si no, lo mordían y lo rompían.
¡Ay, si las gamellas de ropa camino de la Colmenilla cantaran todo lo escuchado!

—Que más de una chivata había.

—¡Vamos, di algo!

Ya lo dice el chascarillo…

En la Colmenilla dicen
que con fulanita la han visto,
abrazadita en la esquina,
igual que dos tortolitos.
—Mejor me callo.

Dicen que unas lavanderas
han cambiado de lugar
por ver si logran enterarse
o algo que comentar.
—¿Como tú por aquí?

—Por cambiar de sitio.

Chismorrea el lavadero
que el mozo sigue a la moza
y que esta sale de casa
por si encontrarlo hallara.
—¡Madre mía!

Con lo que cuesta acercarse a una moza y encima que anden cuchicheando por los mentideros del pueblo.

—Si lo sabrán ellas.

—Y ellos.

(Una que llevaba cuatro trapos para justificar el trabajo y por si acaso había suerte de ver algo interesante.)

—A ver, ¿cómo conociste a tu marido?

—Eso no se cuenta.

—Pues como todas.

—Es secreto.

—Sí, como el de todas.

—Razón llevan los jovenzanos.

—¿No hacías tú lo que podías?

—Lo que se podía.

—Pues entonces pa'qué dale más vueltas.

Y es que dado por hecho que las ocasiones para poder arrimarse a una moza estaban tan contadas, que había que lanzarse en los escasos momentos que se presentaban: en los días de baile de las fiestas o, en su defecto, aprovechar cualquier paseo o reunión, aunque fuera en grupo.

Exagerando un poco, se podría decir que muchas de ellas permanecían en clausura en sus hogares, a salvo de los días de fiesta de guardar en que era inevitable ir a misa por obligación pontificia, eclesiástica y por imperativo legal.

En todo caso, se autorizaban unos recatados bailes en días más que determinados, pero siempre y cuando no se llame la atención, ni sé de qué hablar, ni se dé lugar a...

—Ya ves tú. Como para andar con escondicucas. Como el pueblo es tan grande, para esconder las cosas...

—Pero si aquí todo el mundo se entera de to.

En tales circunstancias, se tenía que recurrir a la ayuda del primo, pariente o hermano más cercano para pedir el plácet de los padres y poder sacarla de casa unas horas.

A todo esto, se habían juntao un montón de mozos con el más formal a la cabeza.

—Toc, toc.

—¿Quién va?

—Somos nosotros.

—¿Y qué queréis?

—Pues es qué...

—Que no.

Se lo sabía de memoria. Siempre que tocaban a la puerta varios mozos y mozas y a estas horas, ya se lo imaginaba lo que era.

—Pero mujer, si solo falta su hija.

—Que he dicho que no.

Portazo y a freír pascuas.

Como la pascua la tenían que armar, no tardaron ni media hora en volver a reincidir en tocar la puerta.

La media hora la aprovechaban en ir engañando puerta por puerta en todas donde había mozas que merecer, con argumentos apropiados a cada caso y según las circunstancias. El número de cabezas de ganado se iba sumando poco a poco.

Las más atrevidas -o mejor dicho, las primeras engañadas- ya se añadían al grupo con el fin de arrastrar a las demás, con la condición de que si no salían todas de sus casas, renunciaban a la invitación. Una que iba a rebronca, insistía que, si la fulanita no le dejaban, ella se volvía a casa, y para más inri se refería a la de las calabazas de antes.

En muchas casas, en tales circunstancias, te podías asomar a la puerta, pero del portal no podías pasar a salvo que fueras pariente o familiar muy cercano.

—Vamos todos otra vez a ver si hay suerte.

—No sé.

—Eso digo yo.

A todo esto, la fulanita intervino.

—Pues si no tocáis, yo me largo a casa.

El más cojonudo impuso su autoridad y...

—¿Y por qué no vamos a ir?

—Jo, cualquiera se acerca.

—Yo toco.

Decidido, eso ya era otro cantar.

—Pero tenemos que entrar todos.

—Vamos.

Toc, toc, toc...

—¿Quién va?

—Somos nosotros otra vez.

—Que he dicho...

—Es que solo falta su hija.

—Que he dicho que no y basta.

—Pero si solo son un par de horas.

—Ni un par ni nada.

—Venga, mujer, no sea así.

—Que no.

Tras mucho romanciar...

Total, que sí.

Costaba, y tanto que costaba. Muchas veces se lograba pasar un rato juntos mozos y mozas a base de engaños y estratagemas variopintas y calculadas de antemano. Lo difícil era romper el «que no» y poder hacer un sitio en el portal para convencer. A partir de este momento, era cuestión de paciencia.

—¡Venga!, aunque sea solo un ratillo.

—A ver, ¿quién va?

—Pues todos.

—Todos no, falta la fulanita.

—Está en el corral. Es que no cabemos todos.

—A ver qué hacemos.

—Mucho ojito.

Hay que ver la cantidad de puertas que había que tocar y la cantidad de escobazos que había que llevarse. Aún recuerdo que, en muchos casos, aún no habías corrido la cortina de la puerta de la calle cuando ya te habían recibido con un escobazo en los morros.

Y total, para pasar un rato con unos acordes desafinados o un tocadiscos que bailaba al son que le apetecía. Lo máximo a lo que aspirabas era dar unas cuantas vueltas a lo tonto y aprovechar para dar un achuchón aprovechando un descuido infortunado, o meter la entrepierna en un empujón de la pareja que pasaba al lado.

Casi siempre intentabas bailar con aquellas mozas que se dejaban arrimar a menos de un kilómetro -entiéndase un palmo- y ya ibas que te matabas, o intentar que pusieran el disco rayado para que durara más. En el caso del día, era cuestión de alargar la velada todo lo que se podía dentro de lo permitido. Mañana será otro día.

No es que conozca estos temas en demasía. En mis tiempos de jovenzano en el pueblo apenas quedaban cuatro mozas y en ningún caso parejas de novios. De chaval si que recuerdo haber hecho de pinche en un par de bodas de mis tíos, llevando una torta y una manzana en una ocasión y una paletilla de cordero en otra. Y si mi memoria no me es infiel, eran el sacristán y el cura los que oficiaban dicha ceremonia.

Las que no se olvidarán de todas estas historias serán las paredes y callejones que han tenido que servir de casas de citas para los noviazgos.

Siendo yo chaval, se hablaba de una media docena de parejas por el pueblo, que calculaban milimétricamente desde la distancia de la que se podían separar de la casa de la novia hasta la distancia a la que podían arrimarse. No vaya a ser que nos vean.

¡Cuántas bombillas se fundían o se rompían en el momento y en el lugar oportuno! Y cuántas, deliberadamente, no cambiaba el lucero de turno.

En aquello que…

—Pero hija, ¿quién era ese mozo?

—Ya voy, madre. No había nadie.

—¿Que no había nadie…?

—Que no, madre.

—¡Vamos, pasa para casa ahora mismo!

—Ya mismo.

—¡Abrese visto!

—Muuuuu.

En aquello que sale una sombra corriendo con el rabo entre las piernas.

La otra que vuelve a casa con las orejas cachas. Adivina adivinanza… ¿quién sale con el rabo entre las piernas?

Era en el Tiro Barra y no es el que tú piensas.

—Podía ser…

—Es…

Fuera de cachondeo. A callar.

Tómatelo como quieras.

El hecho es que, como el fisgoneo y el cuchicheo están a la orden del día, no es de extrañar que, al tercer intento de acercarse a la moza con el consentimiento de ambos, se dé por bueno el intento de noviazgo, y que en los días venideros se les provoque a los interesados para ver si se ponen coloraos, lo que evidenciaría el hecho consumado.

—Dicen que ya entablan relaciones.

De noviazgos y de pretensiones se podrían contar mil y una anécdotas. Mozos con más «currículun vitae» que Humphrey Bogart o James Dean, y mozas con más dietario que Liz Taylor. La etiqueta de flamenco o flamenca estaba a la orden del día, y desde luego, el que lo conseguía tenía asegurado -o asegurada- el éxito.

Claro que en algunos casos era tan pasajero que no es extraño que pasara lo que pasaba, y que se oyera de vez en cuando aquello de «al final ha ido a casarse con el que tenía destinado». Y los había que se quedaban solteros y solteras después de muchas intentonas.

Y verdad era que los había que las tenían a puñaos. La mitad de las mozas del pueblo se pirriaban por él. Y de mozas que, hasta de los pueblos vecinos, venían en busca de una ocasión. Ella al final se metió monja en el convento, y él, cura sacerdote. Y dicen que se querían.

Los más de los noviazgos se sellaban con unas medallas de hojalata, escondidas en el pecho donde la vista del vecino no llega a divisar, o con un anillo de cobre envuelto en un pañuelo en el fondo de un cajón que se resiste a abrirse, o debajo de aquel tazón que no se usa nunca.

De peticiones de mano, mejor no contar, porque no estamos para pasar un mal trago, y no me gustaría meterme en el pellejo de cualquiera de los mozos en circunstancias parecidas.

¿Te imaginas al pretendiente, hecho y derecho, en el portal de la casa, esperando el aviso de la pretendienta para que le den la «venia» de entrada al hogar? ¡Vaya trago!

Y eso que ya se había encargado de ponerse lo más adecuado para aparentar lo deseado.

—Que dice mi padre que pases.

Los quintos del novio, que estaban al acecho, saltaron en aplausos.

—¡Que sí!

Esto hay que celebrarlo.

Al día siguiente, el chismorreo va en voz alta. Para unos, enhorabuena; para otros, un desaguisado.

—Con lo que la quería fulanito…

El que se temía lo peor, ni se hubiera presentado. Para salir trasquilado, mejor seguir con el mismo pelaje y volver a intentarlo con otra que fuera del mismo agrado. Que ahora era el momento de hacer apuestas y de romper los boletos que aseguraban el acierto.

—Ya veremos lo que duran.

—Yo no los veo casados.

—Mira que no es la primera que…

—Y tanto, ya ha pasado infinidad de veces.

—En la iglesia lo veremos.

—Tiempo al tiempo.

Una retahíla de noviazgos rotos se iba desgranando como si se tratase de una letanía, donde los mejor parados se saldaban con un par de tentativas, y los más chulescos contabilizaban en su haber hasta cuatro o cinco intentos -salvo, claro está, que a veces se les atribuyeran como noviazgos las más mínimas aventuras pasajeras de un solo día bien aprovechado, o incluso una tanda de bailes más que animados-.

Y me recuerdan que más de uno se ha vuelto atrás después de echar «la primera» y «segunda» amonestación por escrito en la puerta de la iglesia, e incluso en vísperas de boda y a la puerta de la misma iglesia.

—Pobre novia. Adiós, perdices.

El hecho de las amonestaciones era obligatorio, notorio y público, para que todo el vecindario o pueblo se enterase de la intención de formar matrimonio, por si hubiera o hubiese impedimento alguno que alegar al respecto.

Cuentan que hubo mozo alguno que, tras haber amancebado con vecina del pueblo próximo -y mejor no decir de dónde-, tuvo que salir a más de paso con el rabo entre las piernas, y estar más que un cierto tiempo sin poder aparecer por dicho lugar por miedo al linchamiento.

Hubo muchos que tuvieron que pagar el «piso» obligados por las circunstancias, como remedio a solucionar tal situación, y encima sin tener derecho a la novia. De lo contrario, el remedio inexcusable era ir al «pilón» de la fuente pública por parte de los mozos, abandonando el deseo de la moza y no aparecer una temporada por el lugar.

Esta costumbre se encuentra arraigada en toda la comarca, y los mozos del lugar lo llevan a rajatabla, cueste lo que cueste. Era el precio que había que pagar por la moza. El dar un paso atrás con una chica de fuera del pueblo era aprovechado como pretexto para cumplir con la ley, ya fuera con una merendola o, en su defecto, una juerga en el bar, sin tener en cuenta la situación económica del agraviado.

Mejor, en todo caso, presentar buena voluntad de hacerlo en cuanto fuese posible, y evitar el ridículo del pilón y tener que dejar de salir con la citada muchacha. Que olvidar la palabra no suponía atenuante ninguno; más bien quedaba grabado en la conciencia.

Que, si mal quedabas en un pueblo ajeno, mal dejabas al resto de los conciudadanos. Y la fama es la fama, y más tarde o temprano se paga.

—Mira lo que le pasó a aquel sinvergüenza.

—¡Echarlo al pilón!

De malas pulgas que tenía

y por un pisito de ná,
hubieronle de remojarlo
y al pilón fue a abocicar.

Esto le pasó a uno de Adobes por pasarse de la raya con la del pueblo vecino.

Míralo como corría
camino del Espinar,
dejando la moza sola
y con el piso sin pagar.

Eso le pasó a uno de Piqueras que bailó más de la cuenta con una moza de Adobes. Por reincidente, se lo mereció.

Tengo que decir que a «menda lerenda», por el hecho de estar casado con una hija del pueblo vecino, también le tocó el pasar por la vicaría y no por el pilón, con el correspondiente pago del «piso» en forma de una especie de cordero a la caldereta con sus bebidas adecuadas. Una veintena de kilos de carne que, además, tuve el gusto de probar. ¡Y qué rico estaba!

Muchos años antes, allá por la postguerra, cuando la hambruna no permitía tales lujos, se limitaban a celebrarlo con unas jarras de vino, unos puñados de cacahuetes, unos higos secos, cuatro mantecados caseros y muchas dosis de imaginación.

Seguramente, el pozo de las Barracas se llevaría la palma en cuanto a celebraciones de meriendas de «pisos», sacados a base de tozudez y perseverancia por parte de los mozos.

Es curioso que siempre los más interesados en tales menesteres eran los solterones más viejos, arrastrando a los más jovenzuelos con la excusa de la puesta en duda de su hombría y virilidad. Ellos eran los dirigentes por el hecho de que las mozas se les iban escapando, y eso les radicalizaba todavía más para seguir con la tradición.

En el caso de la novia, se saldaba la situación con un simple chocolate y unas galletas variadas.

Cada sexo celebraba su acontecimiento por su lado, salvo raras ocasiones, para una vez acabados reunirse en cuadrilla y pasar un rato juntos con la celebración de un baileteo. Claro que en muchas ocasiones se terminaba en condiciones mínimamente aceptables para poder tenerse en pie o dar un par de pases en falso en el baile. Más de uno acababa, por exceso de riego sanguíneo, durmiendo la mona en el pajar.

Tampoco es de extrañar esta diferenciación entre hombres y mujeres, tratándose de unas décadas pasadas donde la sumisión de la mujer al amo de la casa era considerada normal en los pueblos. La evolución de la sociedad en el tiempo nos lleva a regularizar y actualizar estas normas de conducta a las nuevas generaciones.

Hoy en día, con la salida de la gente de los pueblos a las capitales y el olvido y desconocimiento de las costumbres antiguas, apenas se reivindica aquel pago del "piso" y mucho menos el tirar al "pilón". Solo en algún caso puntual y siempre como recordatorio por parte de las personas mayores se reivindica como tradición.

Ahora, la verdad es la verdad. Hoy en día es tan difícil sacar un piso como encontrar una pareja de novios a la puerta de la iglesia. A uno que le quedan en el recuerdo al menos una docena de meriendas y sus buenos ratos para poder conseguirlos, no dejará de insistir al mínimo indicio de supuesto para que se vuelva a instaurar.

Casi que voy a dejar el tema. El aburrimiento me ciega y me voy a dejar llevar por donde el viento sople.

Pues voy a tener que volver al tema...

—Se me olvidaba. También existía la "entrada de mozo".

—¿De qué?

—Y la entrada de quinto.

—¿Y qué más?

Con el rato que he pasado y el lío que me he montado, se ha deshecho la pareja, la bombilla se ha fundido y el perro que rondaba cerca me ha venido a decir que allí estaba sobrando.

El perro seguía ladrando.

—Tranquilo, que ya me voy.

—¡Guau, guau...!

Yo acelerando el paso.

Él seguía ladrando.

¿Y qué culpa tengo yo de haber dicho lo que pasaba antaño?

Menos mal que otro perro sale a defender su espacio y el mío, y entre careo y careo, amago que amago, desaparezco por la calleja y les doy esquinazo. Por entonces tropecé con una puerta entreabierta en medio del paredón que parecía hablar sola.

Qué raro —dije yo—.

Había oído que las paredes hablaban, las ventanas escuchaban, pero que las puertas oyeran, me resultaba inaudito.

Pues sí, parece que es verdad.

Más cuando, husmeado hube, vi que la voz que sentía de otro lado procedía.

Busqué una ventana ciega cerca de un canalón, tapada con un saco viejo que hacía de altavoz, por donde salían las voces, los rumores, el olor y hasta el humo del fogón. Apenas acerqué la jeta, mi sombrajo penetró. Si no hubiera luz, ni sombra, ni tos, ni ninguna colisión, ¿por qué apareció tan rápido el patrón?

De pronto...

—¡Ea!, ¿quién es?

—Soy yo.

—¿Y quién soy yo?

—Pues yo, que hablar he sentido.

—Si eres tú, pues dentro has de pasar.

—La verdad es que llevo prisa y no me puedo esperar.

—Aunque sea solo un trago has de echar, no hay excusa que relatar.

—Es que es tarde y he de regresar.

—Ni es qué, ni ná.

—Que mirar por la ventana no era mi intención.

—Que si por acertar fuera, vamos dentro y ya está.

—Mira que me están buscando.

—Pasa y acertarás.

—Puesto al caso, obligado he de estar. Que no es de mi agrado molestar.

—Agrado nos has de dar.

Un poco a regañadientes por aquello de invadir la propiedad ajena, hube de permitirme darle mi confianza para mejor resarcirse de la falta antes cometida.

Hubo de forzar el amo el cerrojo para poder abrir la puerta. El cerrojo chirriaba sin querer abandonar el ojal y el umbral de madera mugía aparatosamente, negándole a la puerta su apertura y haciéndole saltar ruidosa sobre el portal empedrado del zaguán. Ganada ya la confianza del zaguán, hubo de dar la luz para mejor emplazar el despiste y la situación del lugar. La poca luz y la humedad que desprendían los cántaros del agua del basar hacían que se sintiera uno metido en una cueva.

Era un basar de madera desigual, con cuatro ojos mirones maquillados con pintura de color natural, que contenían unos cántaros de agua para cocinar en el fogón, quitar la sed del calor y hasta para asear todo lo que hubiera que limpiar. Al lado, unas tablas vestidas con retales del ajuar guardaban unos pucheros de metal, unos tazones de sopa y unas raseras para hacer compañía a las sartenes de freír las patatas. No muy lejos, un pozal de cinc y una piedra de afilar. La pared revestida en blanco a base de yeso y cal.

Ten cuidado —me decía—,
no vaya a ser que al pasar
te vayas a abrir la crisma
o te vayas a pintar.

Por si acaso, seguí su consejo al pasar el umbral de la raquítica puerta que daba acceso a la cocina. Yo no soy tan alto como para llegar a esas altitudes, pero mi cabeza instintivamente se agachó por lo que pudiera pasar. Yo me considero más ibero que celta por aquello de la estatura y, dicho sea de paso, tampoco los ascendentes de dicha morada lo habían hecho a su medida. La sensación lúgubre de la entrada se tornaba más acogedora.

Una vez dentro de la cocina, la luz parecía haber subido algunos watios respecto al portal, a no ser que el engaño se debiera al resplandor de la lumbre repleta de tacos de leña.

Una gran mesa de madera maciza se encontraba en medio, ocupando casi todo el habitáculo; su hule representaba un mapa de España tan gastado que apenas podían distinguirse no ya los pueblos más importantes, sino aquellas ciudades que figuraban con letras mayúsculas. Unas sillas de aneas entorpecían el paso para poder acercarse a los escañetos que ocupaban los sitios privilegiados de la lumbre.

Sin dar tiempo al saludo de la ama de la casa, el jefe asió un porrón que permanecía de adorno a perpetuidad en la mesa y, de manera firme, se dispuso a pegarle un lingotazo de esos de "ahí te espero". Acto seguido, o mejor sin entreacto, hube de repetir la operación por aquello de hacer confianza con el debido respeto.

No es que no saludara a la dueña de la casa, es que tuve que hacerlo con el porrón encabritado y mirando de reojo para evitar mancharme la camisa, a lo que respondió con mirada recíproca manteniendo una rasera en la mano, que el motivo era dar vueltas a unas cortezas de cerdo que botaban como condenadas en la sartén, sentenciadas a muerte en el infierno.

Casi como el que no lo ve, divisé un plato de porcelana con un trapo de cocina que ocultaba algo bajo sí, y que mi olfato daba por referencia de olor a jamón, salvo que las cortezas me engañaran.

Yo creo que la dueña se vio obligada a acelerar el asunto.

—¿Qué, no os sentáis?

—Yo no digo nada. Como ya me habéis obligado a entrar a casa, hago lo que sea necesario.

—Aquí no se obliga a nadie.

Pasaron los minutos y me fui haciendo a la situación. La luz daba la impresión de que había subido de voltaje y los rincones empezaban a dejarse ver con un poco más de claridad. Mientras íbamos charlando, aprovechaba para chafardear con la mirada los recovecos de la rústica cocina.

A la derecha de la chimenea, un disimulado ventanillo ocultaba una lacena con una cortinilla de cuadros blancos y rojos a la que se acercaba la dueña con cierta frecuencia para sacar los aditivos que iba echando al puchero de la comida. En el lado opuesto, otra ventana haciendo juego con la anterior servía de salida de humos y de vahos, a la vez que dejaba entrar la penumbra de la luz del día.

La gran chimenea ocupaba con su vuelo casi toda la pared central de la cocina, dejándose caer desde el techo hasta las mismas narices de los habitantes. Una cenefa de baldosas estilo turolense bordeaba toda la pared hasta los rincones, representando escenas de caza y de campo. En la lumbre y entre las llamas se dejaba entrever una gran plancha de hierro con la figura de un jinete y que daba la impresión de que era de la misma fragua que las trébedes, los cantos y las tenazas.

Un par de escañetos con unos cojines de lana casera se apostaban a ambos lados de la lumbre y que, por su apariencia de rozamiento, debían soportar largos ratos de conversaciones. Su aspecto abrillantado denotaba que no era debido al barniz, sino más bien al resquemor de tener que aguantar tantas y tantas horas junto al calor del hogar.

Uno de ellos ya cojeaba un poco debido al paso inflexible de los años, y por el ambiente que se respiraba, me parecía estar en el túnel del tiempo, allá por la Edad Media.

Tenía mis dudas si realmente era cierto lo que estaba viendo o bien era fruto de la imaginación. Pensaba yo: "Si al despertar me encontrara con una de tantas casas rehabilitadas a la vida moderna..." Tal vez si me levantara y me diera un coscorrón en el umbral de la puerta, saldría de dudas.

En aquello que la dueña...

—Venga, ir cogiendo.

Como no era cuestión de acelerarse, y por guardar las composturas, esperé a que tomara la iniciativa el dueño y señor de la casa, lo que me valió una nueva amonestación:

—¡Venga, coño, qué esperas!

—No, si ya iba.

Puse los cinco dátiles a trabajar como correspondía sin rechistar, acompañando con un gesto de buen gusto en el paladar para mayor agradecimiento del casero.

—¿Bueno?

—Sin duda, en el punto justo.

—¿A que apetece?

—A estas horas, mejor que mejor.

—¡Ala!, un trago de vino.

—No, si al final...

Con la poca afición que le tengo yo a tan acalorada bebida y la menos experiencia en el arte de usar el porrón, ocurrió lo que lamentablemente tenía que pasar y estaba imaginando: que un rastro de color sangrante empezó a extenderse por la pechera de la camisa.

—Vaya, ya la hemos jodío.

—Eso no tiene importancia. Son cosas del oficio, eso le pasa al mejor bebedor.

—Y al peor como yo.

—Aún es peor no poder mancharse.

Una vez abierto el apetito y la conversación, entre bocado y bocado se fueron desgranando las sucesivas preguntas y respuestas de rutina, y sobre allegados y alejados familiares de antaño. Por estos lares la confianza se gana con pocos argumentos y conservarla depende de uno mismo y de su correspondencia.

La incomodidad del puñetero escañeto que me había correspondido en suerte se veía contrarrestada con la comodidad que a nivel personal iba percibiendo. Y es que uno tiene que acostumbrarse a estas circunstancias y hacerse a estas comodidades.

Habíamos dejado a la mujer a un lado fuera de la conversación, como suele ser natural en estos pueblos, por su manera de pensar, liada con los trastos en el fregadero provisional que se había montado en una caldereta y pendiente de si era necesario cumplimentarnos en algo.

Me quedaba demostrado que la austeridad y la escasez de medios no está reñida con la amabilidad y el acogimiento que te dispensan estas gentes. El dar lo que se tiene no obliga a más.

Yo reparaba, sin mala intención, en la sencillez que componía el mobiliario y las pertenencias del hogar. Un pequeño aparador era el único mueble que se dejaba ver en la cocina, con una cristalera que permitía ver unas piezas de porcelana, regalo de nupcias tal vez, e incompleta de poco uso y del mucho paso del tiempo.

Ella se dio cuenta de que miraba y no dudó en aclararse:
—Dicen que ya venía de sus abuelos maternos o antes. Los pucheros y los vasos nos los dieron cuando nos casamos y los tenedores y cucharas de plata nos tocaron como herencia de familia. Del ajuar ya no te digo, quedan unas mantas que ya no sirven ni para llevarlas el pastor y unas sábanas que solo sirven para remendar las prendas más íntimas, digamos calzoncillos y sus derivados.

Unos cajones inferiores dejaban asomar unas puntillas de una mantelería que había hecho la moza en sus horas de ocio y robándole algo de tiempo a las faenas de casa y campo. Era una ilusión que tenía de moza, se lo enseñaron en los pocos días que pudo ir a la escuela.

Algunos detalles sin más importancia que rellenar el lugar justificaban su presencia. Unos calendarios comerciales de grandes dimensiones rivalizaban con uno oficial de la iglesia, donde venía la lista diaria de santos y vírgenes, para mejor acordarse de felicitar los cumpleaños o las onomásticas de los feligreses o familiares.

Por resaltar, una silla incapaz de soportar el peso de los años permanecía en un rincón junto a un botijo con agua fresca del Cañuelo, acompañando a una pequeña canastilla de juncos repleta de hilos de todos los colores y un bastidor de madera con un bordado donde florecían algunas rosas rojas pendientes de acabarse.

Por encima de mi cabeza, es decir por el techo, entre la penumbra de la luz podían adivinarse por doquier cantidad de llaves y utensilios de uso diario, cada cual en su correspondiente clavo. Hasta las guindillas y los ajos tenían su sitio de preferencia. En la viga central un candil seguía colgando a la espera de que le llegara su turno.

A un servidor siempre le despierta cierta atención las cosas con las que convivían nuestros antepasados y que ya son cada vez más difíciles de ver. Por suerte el que suscribe estos comentarios ha tenido la suerte de recopilar muchos de esos enseres abandonados en las escombreras de los pueblos. Yo creo que renunciar a nuestro pasado es querer desvirtuar la historia.

—Si quieres te enseño la cámara. Por ahí tengo desperdigados un montón de trastos que te gustarán.

—Tal vez mañana con buenas luces.

—Pues tienes razón.

Una vez fuera tengo que reconocer que el gusto fue mío. Halagos aparte, sentí lo que mucha gente había dicho con frecuencia de la gente y que yo había oído infinidad de veces. La humildad y la sencillez manaba por los cuatro costados de esa casa y el acogimiento y receptibilidad lo hacía extensible a todo el pueblo.

Como se nota...

—Dirás que estoy hablando de mi pueblo.

—Pues claro, no faltaría más.

—¿Que soy exagerado?

—Tal vez.

—Eso me pasa con más frecuencia de lo habitual, sobre todo cuando la mano se pone tonta y no respeta ni la más mínima regla de ortografía.

Y qué más da una coma que un punto y coma.

—¿Acaso tú no lo entiendes a la perfección?

Y hablando de entenderse y explicarse, seguro que a veces no digo lo que quiero y otras veces digo lo que no debo. Pero qué difícil me lo monto, en muchos casos es de parvulitos equivocarse. Hay cosas que se alargarían renglones y renglones hasta que la muñeca de la mano se quede sin movimiento, pero no dejo de reconocer que lo que para un servidor de usted es pura síntesis, para ti puede convertirse en un tostón de mucho cuidado.

—Lo siento por ti.

—¿Pero hablas de sintaxis o de síntesis?

—A mí me da igual, qué más da. Yo paso de hablar bien, escribir mejor y que la gente no me entienda. ¡Vaya tostón!

Y hablando de tostones... Mira por donde no me importaría encontrarme con un buen tostón, bien borracho de vino y empapado de azúcar.

—¿Tú no sabes?

—Si supieras lo que es llevar los morritales llenos de azúcar y tener que luchar contra las moscas para poder disfrutar del dulce manjar...

—¿Y qué...?

—Pues que no te lo imaginas.

—Básico. Pan, vino y azúcar.

—No me lo creo, ya me informaré de alguna abuela mayor.

—¡Ay...!

Hogaza de artesa vieja,

tostón de aceite y sartén
si no me sacias con carne
embriágame de placer.

Borracho de vino tinto
harto de azúcar y miel
tarumbo dentro la olla
reposando la embriaguez.

Acababa de llegar a casa y me disponía a tomar unos apuntes de lo antes visto y mencionado con la pluma en ristre. Estaba tan a gustito liado con mis tostones de vino que mi intención postrera iba a ser sin duda el ir hacia la cocina y fabricarme un par para saciar tan instintivo apetito.

Tras la degustación me entró un sueño inesperado y los efluvios del vino me mandaron al quinto sueño. Cuando empecé a recordar ya no sabía si era de verdad o mera ilusión, estaba totalmente perdido en el tiempo.

Yo conocí al autor que te habla allá por los años cincuenta del siglo pasado. Quiero recordar que fue por los primeros días de agosto, un diez para ser exacto, y según cuentan me pusieron Lorenzo porque nací en el día de dicho santo. Dio la casualidad que aquel día hacía un calor sofocante y para más casualidades se juntaron que un bisabuelo ya desaparecido se llamaba de tal modo y que San Lorenzo había muerto sofocado por el calor de una parrilla en la ciudad de Huesca. Así que no tuvieron más remedio que a la hora de llevarme a la iglesia a bautizarme me pusieran dicho nombre.

—Bien mirado, tampoco es que sea tan feo.

Hijo segundo de los cinco hermanos que tuvo el matrimonio formado por el tío Vicente y la tía Macrina. El

Vicente era del Gonzalo y de la Francisca y la Macrina del tío Martín y de la tía Felisa.

De mis primeros años en el pueblo recuerdo vagamente cuando empecé a ir a la escuela. Mis primeras imágenes de mi vida son de cuando bautizaron a mi hermano Celestino. Debía tener unos tres años recién cumplidos y me viene a la mente la repalea de confites en el corral de la casa.

Recuerdo con toda seguridad que iba a la escuela con una cartera de cartón y un cuaderno y un lápiz. Que había un maestro, todo un señor muy serio, con figura de mando y que se ponía delante de la pizarra con un bastón.

Lo que sí recuerdo con toda nitidez es que de vez en cuando sacaba una regla de madera que tenía en el escritorio de la mesa.

—A ver tú...

—¡Zas!

Al poco se acercaba otro y...

—¡Zas!

Yo como era pequeño no me tocaba, pero según comentaban los grandes de la escuela, no se andaba con rodeos a la hora de soltar la regla: a la más mínima ocasión que se presentaba te pegaba un bofetón que ibas caliente todo el día.

Supongo que por entonces estaría aprendiendo a hacer mis primeros garabatos. Las letras, recuerdo que las tenía que meter entre dos líneas que tenía el cuaderno que llevaba y que si se salían de su sitio había que volver a borrarlas. Había hojas que de tanto borrar se rompían.

Los números eran lo primero que se aprendían, pues todos los cuadernos de aquella época llevaban impresas las cuatro reglas. A saber: sumar, restar, multiplicar y dividir.

En la escuela de Adobes, y más concretamente en periodo invernal, era tan necesario como obligatorio llevar además del cuaderno y la enciclopedia, un taco de leña para alimentar la estufa. El frío pelaba y la única manera de calentar el ambiente se hacía con leña. (La que daba el maestro no contaba).

Y cuando digo calentar el ambiente es porque, a más de uno que no se sabía la lección, le mandaba el maestro coger un taco de leña y darse con él en el cogote. Y mucho ojito, porque si le preguntaba al compañero si había soñado y decía que no, la repetición era más larga y penosa y con otro taco que fuera más grande.

A base de coscorrones vinieron la suma y la resta, los ríos de la península, los siete años, y los cabos y los golfos, las conjugaciones de los verbos y los pretéritos perfectos y pluscuamperfectos, y los diez, once, doce, y la raíz cuadrada, la teoría de los vasos comunicantes, el teorema de Pitágoras y más y más y más.

El día que tocaban las conjugaciones no había bastante leña en la escuela para dar y quemar, no quedaba ni un taco entero. Quisiera pensar que aún puede que haya algún compañero del colegio que las sigue repasando en sus ratos de ocio. Y no digo nada de los Reyes Godos o de los Reyes de la Reconquista o de la Dinastía de los Austrias o Borbones. Esos se lo saben de memoria unos cuantos que yo sé.

Por aquellos años, ya me vienen a la memoria algunos recuerdos de los ratos de ocio que pasábamos en el pueblo. Se solía aprovechar el tiempo en cualquier cosa que saliera al paso y en función de la época del año en que estuviéramos. Incluso aprovechando los trabajos menores de la casa como ir a por paja para los animales, ir a darles agua al abrevadero, a comer al campo o a recolectar gamones, se aprovechaba para disfrutar.

Que hablando de juegos, los más habituales que yo sepa, aparte del fútbol, estaban el marro, el alto ministro, el pañuelo, el guau, los tacos, el rulo, los trucos, las chapas, el cinto correa, el escondite, etc., etc.

Como chavales que éramos, teníamos nuestras necesidades y aficiones propias de la edad y del entorno donde nos criamos. Un pueblo tan pequeño da para mucho ingenio y travesuras.

—¿Quién no ha tenido un tiragomas o un cepo?

—¿Quién no ha subido a una picarrera o ha metido la mano en una bocateja?

Con más tiempo y un día que esté de buen humor recordaremos tranquilamente aquellos juegos y aficiones tan singulares.

Yo sobre los años sesenta y pico, por la primavera del mes de mayo, el señor maestro habló con los padres de los escolares referente a un examen que había en Molina de Aragón para conceder unas becas que permitían ir a estudiar fuera del pueblo. Como lo decía el señor maestro, pues todos al examen a Molina.

Aquel día fue para mí algo muy especial, nunca había visto tantos chavales y chavalas juntos. Cientos de muchachos de todos los pueblos de la comarca inundaron la ciudad. Para casi todos ellos era la primera vez que salían del pueblo e ir a Molina era algo así como ir a la Capital del Señorío.

Con tanto castillo, tanta iglesia, tanta tienda, tanto bar, tanto de todo y tantísimo coche, no es de extrañar que pareciese una capital de verdad y más si de chico habías oído hablar de todo lo que por Molina se podía comprar.

Del examen apenas recuerdo unas cuantas preguntas y que casi eran de risa:

—¿Cómo pone una gallina negra los huevos?

—¿Qué pesa más, un kilo de paja o un kilo de hierro?

—¿Cómo era el caballo blanco de Santiago?

Evidente.

Tan elemental que todo el que bajó al examen aprobó. Por aquellos años se aprendía en cantidad, calidad y de memoria, hasta tal punto que era difícil encontrar uno que no te supiera sacar una raíz cuadrada, redonda.

Fuese como fuese, la realidad es que al año siguiente muchos de aquellos que aprobaron se marcharon a estudiar fuera del pueblo. Unos a Guadalajara, otros a Sigüenza y los más a Molina.

De forma radical y casi sin esperarlo, para muchos de nosotros acabó la etapa infantil en el pueblo y con ello una nueva forma de vivir y de convivencia. Todo empezaba a cambiar.

Y no se me olvidará nunca que la primera vez que salí al colegio, vino a buscarnos un tal Tarsicio del Pobo que tenía una furgoneta que llamaban dos caballos.

Y no es que fuéramos a caballo, es que la dichosa furgoneta llevaba dos caballos puestos encima del capó del motor. Era el taxi oficial de aquel contorno, y más que un coche parecía una barca por su constante balanceo. Entre la carretera que en aquellos estaba borracha de curvas y la poca costumbre de los ocupantes, apenas montabas cuando ya estabas mareado.

Si malo fue el viaje hasta llegar a Guadalajara, peor fue la llegada. Con apenas una docena de años, apartados de la familia, unas normas estrictas de conducta y de horarios, solos sin conocer a nadie y unas costumbres inhabituales, todo aquello se convirtió en un rosario de penalidades.

Y el tiempo pasó...

Pasaron los primeros días, malos de soledad, unos meses de aclimatación al medio, nuevos amigos, compañeros y costumbres y poco a poco se fue suavizando el convivir diario con la nueva sociedad.

El pueblo se había quedado demasiado lejos.

A vuelapluma, simplemente recordar que pasé hasta los quince años en el Seminario Diocesano de Guadalajara donde poco a poco fui conociendo a los que después serían mis mejores amigos y compañeros de clase. Por aquellos entonces se estudiaba lo que se llamaba el Bachiller Elemental, donde te hacían estudiar hasta el griego y el latín. (De elemental nada).

El ambiente que se respiraba era casi de clausura, sobre todo por la férrea disciplina que imperaba. Se da por supuesto que la mayoría del profesorado eran curas y el servicio del personal estaba formado por sus homólogas las monjas.

Quién iba a pensar el cambio de vida que se avecinaba.

Hoy en día, y tras el paso del tiempo, tengo que reconocer que todo aquel sacrificio valió la pena soportarlo. El nivel cultural que se adquiría era muy superior a la media de otros centros y ni mucho menos envidiar al de nuestros días. Eran métodos distintos pero que a la larga no ha supuesto ningún problema adecuarlos a la vida cotidiana de hoy. Sinceramente creo que aquel sacrificio de la juventud se ha visto compensado en la madurez.

Además fueron cuatro años donde tuve la ocasión de conocer la capital de la provincia alcarreña y disfrutar de mis mejores años del deporte con grandes satisfacciones a nivel personal.

Una vez superado el bachiller elemental tuve que marcharme a Sigüenza. Puedo asegurar que es un pueblo excelente en cuanto a monumentos históricos como su catedral, su castillo hoy parador nacional, su plaza mayor, su palacio episcopal y sobre todo su Doncel. Parece mentira que un pueblo tan pequeño atesore tanta maravilla. No censo no pasa de los dos mil habitantes, pero teniendo en cuenta que allí está la base episcopal y un montón de colegios, su aumento puede pasar los tres habitantes.

Aquí a la orilla del río Henares pasé el resto de mi juventud hasta que me llegó la hora de ingresar en el ejército, cosa que me cogió en el trasiego de mi familia a Barcelona, lugar de asentamiento definitivo por motivos laborales.

—¿Quién me iba a decir que mi destino estaría en Barcelona?

Fui un emigrante más a Cataluña, como todos aquellos otros que habían salido por las distintas tierras de España en busca de unas pesetas seguras que pudieran paliar el maltrecho bolsillo familiar y buscar nuevos y prometedores horizontes.

Y digno es de reconocer que Barcelona es una ciudad completísima y cosmopolita en todos los aspectos, y que he tenido la gran suerte de ir a parar a ella. Y si yo lo reconociera, que soy más de pueblo que San Isidro, no te quepa ninguna duda de que así es.

A pesar de lo que se pueda decir o pensar, aquí en Barcelona se respira una cultura vanguardista fuera de toda duda y su afán de ser un país puntero dentro de Europa y del Mundo se respira en todos los ámbitos y profesiones, y con la ventaja de verse enriquecida por la gran variedad de costumbres de inmigrantes de otras muchas regiones de España.

En los casi cuarenta años que he vivido en tal ciudad me he sentido recompensado tanto a nivel familiar como laboral, consiguiendo una estabilidad de vida poco habitual en los tiempos que corremos. He tenido la suerte de conocer y disfrutar de este singular país por completo, sintiendo una especial debilidad por la zona del Pirineo, donde escapaba muchos fines de semana para recompensar la añoranza del pueblo.

Si tuviera que poner algún "pero", que también los hay como en todos los sitios, sería tener que verme envuelto en unos pocos kilómetros cuadrados con unos cinco millones de personas, con el consiguiente agobio y falta de espacio para poder disfrutar de libertad.

Y uno que es de secano, de paramera serrana, mar adentro, puede acostumbrarse a la modernidad, pero no renunciar a la verdadera libertad.

Yo que vivo entre gentío

sintiéndome avasallado
luchando por sobrevivir
entre personas de paso,
matando el tiempo sin ocio
paseando sin traslado
y quemando mis ilusiones
entre muros encerrado.

Seguramente el hecho de verse involucrado en la ciudad por motivos de contemporaneidad y como una especie de exilio forzado por las circunstancias actuales, hayan confluido en un deseo unánime de venganza irracional. Y no quiero decir que yo renuncie a la urbe, más bien intento aprovecharme de ella y sacar todo lo que encuentro positivo. No en vano la mitad de mi vida la he pasado aquí en Barcelona y a fin de cuentas no tengo tanto que reprochar.

Es una posición personal y sentimental hacia la tierra que me vio nacer y que posiblemente para muchas personas que tuvieron que salir en las mismas condiciones no sea una justificación convincente.

Y yo busco la libertad a toda costa.

Cuando uno es de tierra adentro
de secano y mesetario
necesita el aire fresco
gélido o hasta escarchado
donde renovar la sangre
donde sentirse arropado
donde el espacio es tan grande
que te ves agigantado.

Y encuentras la paz espiritual.

Si yo pudiera tener
una casita de ensueño
donde poder disfrutar
lejos del mundanal ruido.

Que yo quisiera tener...

Una casita en el campo,
lejos del mundo ruidoso
cerca del verde prado
donde despierte el gorrión
al parir el sol los rayos.

Que yo quisiera tener
una casita en el campo
donde la vida es más sana
el tiempo se hace liviano
donde se agranda el espacio
de aire puro de antaño.

Que yo quisiera tener
una casita en el campo
con deseos de vivir
y rodeado de amigos
para poder evadirme
unos segundos, un rato.

Que yo quisiera tener
una casita en el campo.

—¡Ea! ¿Por dónde voy?

La confusión de las hojas anteriores rondaba de vez en cuando por mi cabeza sin dejarme argumentar con claridad. Un poco de rabia contenida aún flotaba por mi cabeza.

Si por poder pudiera...

Desear lo mejor para las gentes de buena voluntad que han hecho que nuestro pueblo merezca el reconocimiento que tiene. Son tantas las personas que merecen mi felicitación que apenas les queda un pequeño resquicio para los que se niegan a entenderlo.

Si yo pudiera...

Ahora mismo me voy a dar un paseo para meditar, asegurarme y ratificar que todo lo que he dicho y siento es una realidad. Y si me fuera al campo hasta me reconciliaría conmigo mismo, que es lo que más falta me hace. Cuando uno quiere vagar por el campo lo mejor es despistarse entre el rebollar para evitar que nadie tropiece contigo y no te fastidien la paz y tranquilidad que necesitas para llegar a un acuerdo contigo mismo.

Por unos momentos pensé en seguir por los postes de la línea eléctrica que por aquí por las Rebollas es una limpia y llana pradera cubierta por gamones y chaparras. Andaba yo canturriando aquello de *por el camino verde...*

Hoy he vuelto a pasar por aquel camino verde donde se pierden los sueños y renacen ilusiones.
Iba tan contento, que hasta le había puesto música a la canción.

Por esta línea eléctrica pasaba la luz que alumbraba los pueblos de la zona. En realidad, venía de la central de Poveda pero llegaba tan poca que la mayoría de los días se estaba a oscuras, aunque los mal pensados decían que se la llevaban los de Piqueras.

Recuerdo de chaval, las idas y venidas que tenía que hacer el "lucero" de turno al transformador. Cuando subía la tensión se fundían las bombillas, cuando no subía la tensión bajaba la corriente, el caso es que siempre terminaba saltando los plomos. Aquello más que corriente, era corriente alterna. Ahora me voy, ahora vengo.

—Enciende la vela.

—No, que la vela es pa la iglesia.

—Pues enciende el candil.

Aún no había empezado a hacer llama cuando...

(al momento)

—Otra vez.

—Vuelve a encender.

—¡Joder!, todo el santo día así.

(al instante)

—Ya está otra vez.

—Déjalo, nos apañamos con el resplandor de la lumbre.

Hace años la luz venía por la línea de Alcoroches, vía Piqueras, desde Peralejos de las Truchas donde estaba la recepción de cabecera y cuando se iba le echaban la culpa a los pueblos vecinos por donde pasaba, porque decían que se la llevaban toda para las naves de las ovejas que por aquellos entonces estaba de moda electrificar al ganado. La cuestión era que Adobes era el último pueblo y casi todos los días estábamos a cuatro velas o candiles.

En alguna ocasión, cuando se radiaban algunos partidos de fútbol importantes, solían haber interrupciones de corriente, achacables siempre a la mala uva de los vecinos del pueblo más próximo.

Me consta que más de una vez, cuando eran partidos de interés nacional, íbamos a Alustante a escuchar por la radio, ya que allí la luz no fallaba nunca pues llegaba por otra línea de la provincia de Teruel y siempre era de corriente continua.

La cantidad de veces que un servidor y los de mi edad teníamos que salir a mirar a ver si había algún alambre roto o algún poste caído, sobre todo cuando soplaba el aire y llegaba el invierno. En total, que entre la caída del fluido eléctrico y la falta de señal de emisión se quedaba uno sin saber el resultado definitivo del partido.

—Pues en mi radio han dicho que...

—Pues en el mío que ha ganado el Madrid.

—Pues no.

—Pues sí.

Con el paso del tiempo llegó la televisión. Las emisiones en Adobes llegaron cuando Dios quiso porque la señal venía por el aire y con lo que sopla por aquí casi siempre se la llevaba para otro lado.

(De los transistores de pilas ningún comentario, todavía estaban por llegar)

—Que dicen que van a poner la luz a doscientos veinte.

—Por mí como si la ponen a doscientos treinta.

—Pero hay que cambiar todas las bombillas.

—Pues vaya gracia, ahora que había puesto en la cámara.

—Dicen que viene tan fuerte la luz que hasta las bombillas explotan.

—Digo yo que abonarán las viejas.

—¿Y a cuánto dices que viene?

—Muchismo fuerte.

—¿Y cuántas tienes tú?

—Una. Pa' qué quiero más, la que tengo me alumbra desde la cuadra a la cocina.

—¿Y tú?

—Yo tres, pero son la mitá de flojas. Que la rueda del contador corre que se las pela.

—Así entonces ¿qué hay que hacer?

—Pues ná, ellos te ponen una bombilla y santas pascuas.

—Pues habrá que quejarse.

—Ya verás cómo al final tenemos que volver al candil.

Visto el jaleo que hay con la luz, la línea, las bombillas, los plomos, los postes, las jarrillas y la biblia en verso, decidí abandonar dicha línea recta y me tomé la primera desviación que vi. Casi sin querer fui a parar al camino verde que va a la ermita.

Hoy he vuelto a pasar por aquel camino verde...
(Bajaba yo canturriando...)
Por el camino verde, camino verde que va a la ermita...
Tarararara, tararara, tarara...

No había repetido dos veces la estrofa cuando me encontré con un mojón en la carretera que indicaba el punto kilométrico de distancia desde su inicio por tierras de Setiles. Hoy en día tiene la importancia de no significar nada, salvo un triste monolito de piedra o de hormigón abandonado entre los hierbajos de la cuneta.

Hace años, cuando los metros eran pasos y los kilómetros horas, siempre estaba a punto a la salida del pueblo para servir de apeadero para poder montar en el mulo cuando se iba de viaje. Su localización era pegando a la salida del camino de la fuente del Espinar. Hoy desaparecido por la ampliación de la carretera.

Ahora que veo el campo de fútbol, recuerdo cuando de chaval "echábamos a pies" para formar los equipos y evitar que los buenos fueran siempre juntos. El sistema consistía en ponerse dos de los contendientes de supuesta igualdad, uno enfrente del otro a unos dos metros de distancia e iban colocando un pie seguido de otro alternativamente hasta que ya no quedaba para dar más pies. El que ponía el último pie tenía derecho a escoger jugador el primero y así sucesivamente hasta que no quedaba nadie.

Siempre quedaban los malos para los últimos, y muchas veces no los quería nadie salvo que fuera para ponerse de portero e ir a buscar los balones que salían del terreno de juego e iban a parar entre los cardos.

Ya entre mozos y casados la cosa iba más en serio, no ya por el orgullo de unos y de otros, sino por unas cajas de cervezas o por unos porrones de vino que se metían en el pozo de la ermita para su refresco y que en caso de perder tenían que acoquinar con su correspondiente cuota de participación. Casi siempre ganaban los solteros, aunque en alguna ocasión se llevaron su correspondiente correctivo.

Y si nos remitimos a los enfrentamientos con los forasteros y en especial con los piqueranos, la cosa iba tan agarrada que muchas veces terminaba en tablas y hasta a tabletazo limpio. Casi siempre acababa teniendo la culpa el árbitro, llámese cura, médico, maestro, etc., persona de buen saber y entender y que al final se resolvía el asunto interviniendo y mediando amistades de padres o abuelos.

En cierta ocasión, y por iniciativa de un maestro adelantado a su tiempo que cayó por el pueblo, se hizo un equipo de fútbol en la escuela de los de verdad. De verdad de verdad era el traje que lo hicieron entre todas las muchachas de la escuela en sus clases de costura con la ayuda de algunas madres.

La camiseta era amarilla con un escudo bordado en el pecho y con un número bien grande en la espalda. El pantalón era negro, tipo calzoncillo y con una franja lateral igualmente en amarillo. La imitación no era otra que, al equipo de Las Palmas, que por aquellos años molaba barbaridad por los excelentes jugadores que tenía.

Todo un equipazo. Como los grandes.

En cuanto a la plantilla en sí, andaba bastante compensada en todas sus líneas. Quiero decir que todos los jugadores tenían las mismas virtudes y los mismos defectos, pero a base de entrenar y en poco tiempo se aprendió desde a tirar a puerta, córners, faltas y hasta rematar de cabeza.

Como estreno del equipaje eligieron el populoso pueblo de Alustante, donde se lo habían tomado a cachondeo y nos esperaban con deseos para aplicarnos un severo correctivo.

—¿Y dicen que van a venir los de Adobes a echar un partido de fútbol con los de Alustante?

—Pues que no les pase nada.

—Eso ya lo veremos.

(Dejo este espacio en blanco para pintarte el escudo)

(y porque así se quedaron los alustantinos)

La verdad es que dimos la nota. Mientras unos aplaudían, otros se mondaban de risa al ver salir tanto calzoncillo suelto y más si a alguno de los más grandes se las veía y se las deseaba para poder esconder sus potencias al natural.

Tras jugar unos ochenta minutos llegó el pitido final con gran sorpresa para nosotros. ¿Quién iba a imaginar semejante goleada? Ellos eran muy buenos. Digamos inocentones. No tenían ni idea de dar una patada a un balón. Total, once a uno. Poco más que contar.

—Sigue contando...

Tras tomar unos refrescos a la postura del sol, tuvimos que coger caminito para el pueblo. En el repecho de los huertos apenas se veía y cuando llegamos al alto de los Llanos la luna y las estrellas salieron a nuestro encuentro.

Tras dos horas de camino con cánticos a los cuatro vientos, llegamos al pueblo con todos los honores. ¡Que viva Adobes!

Desde la Ermita de la Soledad la vista de la solana de Valdecatalina era espectacular.

Si tú hubieras visto cómo lloraban las aliagas a raudales lágrimas de primavera, si notado el frescor de su lozanía, si sentido su murmullo al viento, si vivido el placer de contemplarlas... Si todo esto y todo lo que tu cabeza es capaz de imaginar, no estarías viendo en esta época del año un aliagar hostil y seco con apenas unas hebras de hierba entre su matorral.

Y no es que exagere yo, que serlo soy y mucho, es que la naturaleza es tan caprichosa que cuando dice de ponerse bonita, no hay quien la aguante. Y un piropo se le escapa a cualquiera.

Y como el soñar no cuesta dinero y yo tengo la ventaja de no dormir, pues sueño despierto.

Cuando las piernas deciden volver a caminar se encuentran que el camino se pierde por el canalón del Espinar. La fuente sigue llorando sin lágrimas y el arroyo se pierde entre los espinos y majuelos. Un pequeño prado vigilado constantemente por los rebollos nos permite deambular por doquier como si se encontrara uno en un paisaje sacado de un cuento de hadas.

El SILENCIO
Aletean las hojas perdidas en silencio,
aletea el ruiseñor de rama en rama.
corre el ratón, vigila y salta,
aletea la abeja toda embriagada,
cargada de polen de miel borracha.
Aletean las ramas mudas y calladas,
aletea su fragor el viejo enebro como si nada
sisea el aire silencio y nada
silba el eco al barranco silencio y paz.

Si mi intención me llevó a venir a este lugar, y más que buscar la cercanía del lugar y la comodidad de las piernas, es porque entiende de placidez y sabe de las propiedades de curación que tiene para la mente son esenciales para sobrevivir. Y es que el silencio que fluye por este recoveco rincón es capaz de hacer que te encuentres contigo mismo.

Aleteaban las hojas perdidas en el silencio, aleteaba el pajarillo de rama en rama, correteaba el ratón por entre las matas. Aleteaba la abeja cargada de polen de flor en flor, toda embriagada de miel borracha. Aleteaban las ramas mudas y calladas.

Siseaba el aire silencio y calma. El barranco callaba en silencio y nada.

Por aquí estuve haciendo leña no hace mucho tiempo con mi primo Cosme y me parece recordar que en aquel rincón hicimos una lumbre varios días. Si la memoria no me es infiel, estoy seguro que nos comimos unas patatas asadas al calor de las ascuas.

Estoy por acercarme a ver si es cierto o no.

No cabe duda que fue en este lugar y más concretamente en pleno invierno y con un tasco de nieve. Que pasar de primavera a invierno es tan fácil como arrancar unas cuantas hojas al calendario y cerrar los ojos.

(pensado y hecho)

Había roto las hojas del calendario sin darme cuenta que estaba en mangas de camisa y me había metido en pleno invierno y con la solana grande repleta de nieve.

—¡Qué gilipollas de mí!

No tuve más remedio que acercarme a la lumbre lo más aprisa posible y remover las brasas para que se avivaran las ascuas.

—¡Joder qué frío que hacía!

Los golpes de las hachas no los sentía, pero de vez en cuando me llegaba el ruido de una motosierra y el olor a gasolina por entre los rebollos. Él seguía dale que te pego tirando matas mientras un servidor continuaba quemando támaras y azuzando el fuego para que no se apagara.

Yo seguía tiritando, dando vueltas alrededor de la lumbre como el que asa un pollo. Mis pies tenían que buscar las mismas ascuas para evitar la congelación y mis manos no cesaban de aplaudirse y de sobarse para resarcirse del frío intenso. Mi primo se calentaba con el motor de la motosierra y la bota de vino que tenía en una rama.

El milagro se estaba produciendo. Mi cuerpo empezaba a habituarse a la situación y mi calzado desprendía un olor a chamusquina de tanto acercarse a las ascuas.

Y el milagro se produjo. Tanto me metí en la lumbre que al final tuvieron que darse a ver las patatas que estaban escondidas entre la ceniza.

Latían apretujadas las patatas
Dormidas al calor de las brasas.
Yo moría en deseos...

Mis pies dentro de las botas no sentía
Mis manos aplaudían su torpeza
Para recobrar un poco de calor.
Yo muero en deseos...

La bota tiesa resiste en el rebollo
Emborrachada en puro alcohol
Sin inmutarse al gélido viento.
Muere en deseos mi garganta...

Sale una patata, y otra, y dos
Revolotean las chustas y otras dos,
Saltan de mano en mano ¡qué quemazo!
¡Válgame Dios!
Yo moría en deseos...
De patatas y de calor.

Yo seguía vigilando el ato, la lumbre y todo lo demás. No estaba de más que la responsabilidad que me daba la custodia sirviera de excusa para tostarme al calorcillo del vino. No tenía prisa ninguna en abandonar el lugar y más en compañía de las patatas. Mi primo no decía nada, cogía la bota, le pegaba un achuchón y a seguir con la marcha.

Mientras las patatas daban botes de frío alrededor de la lumbre, un servidor cumplía mi penitencia al abrigo de las brasas. Yo achicaba el frío acurrucado en una vieja manta y con una patata que se me escapaba de las manos y me recordaba otras tantas veces en las que los tiritones no te dejaban ni pronunciar palabra.

—Pues no me he tenido que soplar veces las uñas para poder llenar un saco de paja. Sin ir más lejos, unos años atrás por la fecha de Reyes cayó una nevada de campeonato. Ni los propios Reyes Magos pudieron llegar al pueblo porque se encontraba incomunicado del resto del mundo.

Llevaba varios días prisionero en casa sin poder salir y observando a través de la ventana como caían los copos de nieve pacientemente sobre la inmensa nevada ya existente. El cielo gris no daba señales de mejoría y la temperatura y el viento permanecían en absoluta quietud. Todo seguía día tras día con la misma monotonía. Solo nevaba.

Las ganas que yo tenía de pasar del Collao estaban a punto de estallar. La televisión anunciaba que la borrasca dejaría paso al anticiclón, pero yo no lo veía nada claro. El caso es que tenía que llegar y yo estaba en sobre aviso.

—¡Ea, a ver si es verdad!

Empezaba a amanecer... Y quiso la meteorología que amaneciera un espléndido día. Todo azul y blanco.

Una envidia irresistible hizo que saltara de la cama en un santiamén y me convirtiera en un esquimal. Me había forrado de ropa de tal manera que apenas dejaba una rendija por donde pudieran asomarse las niñetas de los ojos. Más que un esquimal, parecía el hombre de las nieves, apertrechado con todo lo necesario me dispuse a tomar la salida.

La blanca y esponjosa capa de nieve que encontré hasta llegar al transformador me decía que la cosa era de disfrutar y quizás hasta de sufrir. Mis botas se clavaban ahogadas en el tajo de nieve hasta llegar casi a las rodillas. Mis pisadas eran invisibles y hasta misteriosas.

Cogí la carretera como camino más fiable por aquello de evitar la eventualidad de algún ventisquero oculto y me presenté en la Ermita sin más esfuerzos de los previstos. La estampa que pude filmar en mi retina es algo que guardaré para el recuerdo. Un sol enrabietado se estrellaba en las paredes de las casas formando una cortina mágica con los jirones de nieve que se desprendía de las bocatejas de los tejados.

Hasta me sentí privilegiado de ser el único que podía disfrutar de tal acontecimiento. Era el primero, y no había dudas que eran las únicas pisadas que se podían apreciar, ni siquiera se habían movido los bichos vivientes que siempre pululan por los alrededores. Dos chimeneas pongo por testigos de que es verdad lo que digo, y no es humo, es real.

Y si fuera caso de acreditar pruebas, hasta las botas que guardo en la cuadra declararían la verdad si hiciera falta, que ellas se acuerdan pero que muy bien de lo difícil que fue volver sobre las mismas pisadas desde la orilla de la dehesa.

Y si fuera cierto, que lo es, ¿por qué he de buscar yo justificaciones y testigos?

—Si no te lo crees, peor para ti.

Los milagros no se producen todos los días, ni a cualquier hora. Hay que saber estar en el momento justo y a la hora exacta.

—Pues no hacía tiempo que lo estaba esperando yo.

Y sigo con el milagro...

Muy pronto el sufrido camino y el sol me enseñaron que el atuendo que llevaba puesto era más del necesario. Al poco ya me tuve que quitar el pasamontañas y hasta el gorro que cubría la cabeza pedía deslizarse para poder oxigenar la calva. Las fumarolas de vaho que salían de mis napias se esfumaban al viento derretidas por el sorprendente sol de la mañana.

Hasta aquí mi osadía no había sufrido ningún entuerto. Unos cuantos parones para reponer aire a los pulmones, aprovechando la espectacularidad del paisaje y algún restregón en los pantalones para aliviarlos de la nieve que se les pegaba por las nalgas. Lo único, el rebollo que hay junto a la alcantarilla, que al pasar se le ocurrió echarme encima la nieve, cayéndome por el cuello hasta la rabadilla. Estuve por volverme y liarme a patatas con él, pero visto lo visto, mejor dejarlo en paz.

Ya con el cartel de prohibición medio envuelto y con el desvío del camino como tentación de aventura, me entraron ganas y dudas de si el espesor de la nieve era tan real como aparentaba o eran imaginaciones mías. Apenas tocaba tierra, lo que me hizo confirmar que lo mejor era seguir por la carretera y olvidarme de atajos imposibles.

Antes de arrancar de nuevo, aproveché para soltar una meada que hacía rato que me agobiaba y que estaba dispuesta a dejar alguna gota entre la entrepierna a no ser que me diera prisa en poner de acuerdo las braguetas que llevaba. Un palitroque que portaba como gayata me indicó la medida exacta de la meada, que no de la nevada que iba unos centímetros más abajo. Cuanto más iba subiendo por la carretera más feo se ponía el asunto.

—¡Huy, huy, huy... esto me parece que se pone feo!

Había perdido el pueblo de vista hacía rato y cada vez que me volvía para atrás solo veía el rastro de mis pisadas. Me daban ganas de volver. Como no tenía nadie que me convenciera yo seguía empeñado en seguir.

—Este espectáculo de nieve yo no me lo pierdo.

La carretera apenas se dibujaba. La nieve parecía manar a borbotones entre los pinos y rebollos. Unos pajarillos enseñaron que aun así se podía saltar de rama en rama.

Suavemente fui ganando metros hasta verme metido en medio de los blancos rebollos. Toda una niebla de magia.

Salva de aplausos,
De aplausos blancos
Llovidos del cielo.

Copos de sol, pañuelos blancos
Palomas de paz blancas.

Fino polvo dorado y blanco
Dormido sin sentido
En la blanca rama.

Salva de aplausos
Hebras de algodón al vacío
Susto de silencio dormido
Explosión de magia.

Acabado el concierto con atronadora salva de aplausos, decidí buscar emociones fuertes. Lo prohibido me excitaba y qué mejor ocasión para comprobarlo. Mi ilusión me decía que podía conseguir el tesoro flotando por el inmenso mar de nieve. Era como un jardín prohibido, todo repleto de infinitas pepitas de oro sobre la nieve.

Tras pasar un día en el paraíso, regresé al pueblo con la misión cumplida. Había hecho realidad aquello que hacía mucho tiempo que venía persiguiendo. La nieve por estos lares es lo mejor que puede pasar.

Aquel día tardé en llegar al pueblo por lo menos después de treinta o cuarenta estornudos y porque me echó una mano la Virgen.

En estos momentos y visto lo pasado me rindo y me retiro.

—¿Cuándo te vas a dar cuenta de que te cuento las cosas sin cuento, contando lo que me da la gana y como me apetece? Y encima te ríes.

—Por reírte, ahora lo dejo.

Retirado me doy a la cama por curar si puedo mis estornudos.

Languidecía el sol desparramando sombras
En la cansada tarde por la larga loma
Donde el rebollo se crece hasta topar con la mata
Y donde el día se pierde en contadas horas.

Que pienso volver, aunque sea a estornudos.

Y sino al tiempo...